Gerhard Tausche

LANDSHUT
Ein Stadtführer

Verlag Friedrich Pustet
Regensburg

Bibliografische Information der Deutschen Nationalbibliothek
Die Deutsche Nationalbibliothek verzeichnet diese Publikation in der Deutschen Nationalbibliografie; detaillierte bibliografische Daten sind im Internet über https://dnb.dnb.de abrufbar.

Gutenbergstraße 8 | 93051 Regensburg
Tel. 0941/920220 | verlag@pustet.de

ISBN 978-3-7917-3389-0
Umschlaggestaltung und Layout: Heike Jörss, Regensburg
Umschlagmotive: Vorderseite: Blick auf die Landshuter Innenstadt, die Stiftsbasilika St. Martin und die Burg Trausnitz (stock.adobe.com, MP2); Rückseite: Burg Trausnitz über der Neustadt (Stock.adobe.com, fottoo); vordere Umschlaginnenseite: Wandgemälde im Prunksaal des Rathauses (Harry Zdera).
Druck und Bindung: Friedrich Pustet, Regensburg
Printed in Germany 2024

Unser gesamtes Programm finden Sie unter
www.verlag-pustet.de

INHALT

Am Isargestade, wo der Fluss nahe an die Häuser heranrückt, sorgen Bänke und Bäume auf beiden Uferseiten für entspannende Momente.

Landshut wird meist mit „mittelalterlich“ in Verbindung gebracht – und so ist es nicht verwunderlich, dass man gerne mit „die gotische Stadt“ wirbt. Landshut hat sich über die Jahrhunderte hinweg die Struktur der historischen Innenstadt aus dem 15. Jahrhundert bewahrt. Bei genauerer Betrachtung offenbaren die Gebäude zwar Veränderungen, die die Zeitläufte mit sich gebracht haben. Trotzdem fühlt man sich auch heute noch an das Mittelalter erinnert. Hierzu trägt die alle vier Jahre stattfindende Aufführung der Landshuter Hochzeit von 1475 maßgeblich bei.

LANDSHUT
L(I)EBENSWERTE STADT AN DER ISAR

Landshut präsentiert sich heute im Zentrum modern: mit einer Fußgängerzone, die zahlreiche Straßencafés, Eisdielen, Gastronomie und vielfältige Einkaufsmöglichkeiten aufweist – und das inmitten zahlreicher historischer Bauwerke, die das Ambiente der Vergangenheit in die Gegenwart transportieren.
Dieses einzigartige Flair vermittelt dieser besondere Stadtführer auf empfohlenen Routen durch die Stadt. Er lädt ein dazu, in die Geschichte einzelner Häuser, sowie in die spannende, wechselvolle, reiche Geschichte Landshuts einzutauchen.

VON DER ERSTEN RESIDENZSTADT DER WITTELSBACHER ZUR HAUPTSTADT NIEDERBAYERNS

Stadtgründung

Landshut ist mit rund 75.000 Einwohnern die größte Stadt Niederbayerns und hinter Regensburg die zweitgrößte in Ostbayern. Während die Geschichte von Städten wie Passau, Straubing und Regensburg weit in die Römerzeit zurückreicht, ist Landshut deutlich jüngeren Datums. Gegründet wurde es, nach den Annales (Jahreschroniken) des Abtes Hermann von Niederaltaich, im Jahr 1204. Sie gilt somit als eine der ersten Gründungsstädte der wittelsbachischen Herzöge in Bayern.

„Ludwicus dux Bawariae castrum et oppidum in Lantshvt construere cepit" (Herzog Ludwig beginnt Burg und Stadt in Landshut zu bauen)
Annalen des Abtes Hermann von Niederaltaich, † 1275

Ein Blick auf die bayerische Geschichte in den Anfangsjahren der Wittelsbacher erklärt dieses Phänomen: Im Jahr 1180 wurde Pfalzgraf Otto I. von Wittelsbach vom deutschen Kaiser Friedrich Barbarossa mit dem Herzogtum Bayern belehnt, das in der Zeit große Teile des heutigen Oberbayern, Niederbayern, der Oberpfalz und des Innkreises um das heutige Ried umfasste. Heinrich der Löwe, als Vorgänger auf dem Herzogsthron, war beim Kaiser wegen seiner eigenmächtigen Art in Ungnade gefallen. Das Ziel Friedrich Barbarossas war es nun, einen vertrauenswürdigen Gefolgsmann zu belohnen, ohne diesen aber durch die Landmasse in irgendeiner Form zu stärken. Aus diesem Grund wurde vor der Belehnung Ottos mit Bayern noch die Steiermark abgetrennt, um den Machtbereich deutlich zu verkleinern.

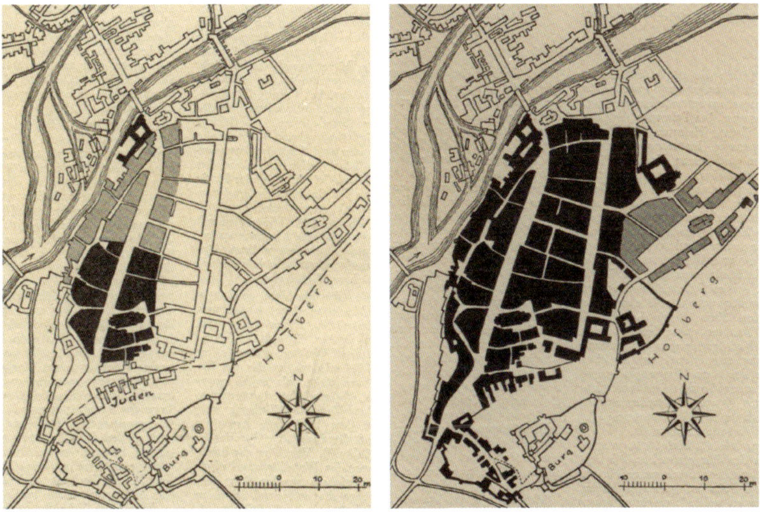

Erste bauliche Entwicklung um St. Martin nach 1204 (links) und Stadterweiterungen bis Anfang des 14. Jhs. (rechts)

Diese Standeserhöhung war für die Wittelsbacher ein ansehnlicher Imagegewinn, aber sie mussten sich gegen andere bedeutende Herrschergeschlechter wie die Grafen von Andechs oder von Bogen behaupten. Zudem wäre es wichtig gewesen, ihren Residenzsitz in Regensburg, der alten Herzogsstadt Bayerns, nehmen zu können, um in die legitime Reihenfolge der bayerischen Herzöge seit dem frühen Mittelalter zu treten. In jener Stadt gab es aber Widerstand, denn auf die Anwesenheit des bayerischen Herzogs legten viele keinen Wert: Zum einen war dies der Bischof von Regensburg, der seinen Machtanspruch behaupten wollte, und zum anderen die Bürger der Stadt, die sich schon auf dem Weg in die Reichsfreiheit unter dem Deutschen Kaiser sahen und ihre künftige Unabhängigkeit zu bewahren suchten. Die Rolle des Kaisers in diesem Prozess, einen Herzog zu schwächen, darf nicht unterschätzt werden.

Die Wittelsbacher sahen nur eine Möglichkeit, ihren Anspruch auf ihr angestammtes Recht durchzusetzen: Sie wollten Regensburg wirtschaftlich treffen. Der frühe Tod Herzog Ottos I. im Jahr 1183 verzögerte diese Absicht. Erst sein einziger Sohn, Ludwig I., später „der Kelheimer" genannt, verfolg-

Ältestes erhaltenes Stadtsiegel mit den drei Helmen im Stadtarchiv aus dem Jahr 1321

te konsequent dieses Ziel. In seinen Augen war es wichtig, die Handelsrouten nach Regensburg unter herzogliche Kontrolle zu bringen und gegen die Stadt von Gebieten aus vorzugehen, die nicht dem Bischof von Regensburg unterstanden. Der für Ludwig beste Platz war an der Isar gelegen, dort, wo sich der Flusslauf auf wenigen Kilometern teilt. Die Isar bildet dort bis heute die Grenze zwischen den Bistümern Regensburg und (München-)Freising. Deshalb zerstörte der Kelheimer 1203 die Isarbrücke des Bischofs auf Höhe der Straßburg (etwa 10 Kilometer isarabwärts) und errichtete einen Übergang beim heutigen Landshut.

Mit dieser Gründung und einigen anderen sahen die Wittelsbacher ihre einzige Chance, Einfluss auf Regensburg zu gewinnen. Letztendlich gelang es nicht, und nach der Ermordung von Herzog Ludwig auf der Brücke von Kelheim im Jahr 1231 gaben sie dieses Ansinnen auf. Die neue Stadt hingegen zog immer mehr Menschen an, was sich für den Herzog als großer Vorteil erweisen sollte. Waren die ersten Bewohner noch sogenannte Grundholden bzw. deren Kinder, die auf herzoglichen Gütern lebten und auf ein besseres Leben in der Stadt hofften – vor allem unter dem Schutz des Herzogs –, so kamen im Laufe der Zeit immer mehr Menschen, die sich ebenfalls nach besseren Perspektiven sehnten. Ebenso waren es Angehörige des „niederen" Adels, die ihre Situation zu verbessern suchten und letztendlich zum Teil in der Bürgerschaft aufgingen.

Die Herzöge konnten sich ebenfalls als Sieger sehen, denn die wachsenden Städte – Landshut war nur der Beginn mehrerer Gründungen im 13. Jahrhundert: Straubing/Neustadt, Dingolfing, Landau, Cham und andere sollten folgen – brachten ihnen sehr beträchtliche Steuereinnahmen. Die Herzöge gewährten ihren Städten immer wieder Privilegien der unterschiedlichsten Art, und als Gegenleistung waren ihnen ihre Bürger treu ergeben. Zudem fühlten sie sich unter dem herzoglichen Schutz sicher. Der erste Wittelsbacher, der von dieser Treue der Städte profitierte, war der spätere Kaiser Ludwig IV. der Bayer. In der Schlacht von Gammelsdorf gegen Friedrich den Schönen im Jahr 1313 stand der Adel abwartend beiseite, wohingegen die Bürgerheere für ihren Herzog schließlich siegten.

Wappen der Stadt Landshut

Das Landshuter Stadtwappen zeigt drei Helme. Der Sage nach wurde es vom späteren deutschen Kaiser Ludwig IV. dem Bayern aus Dankbarkeit für die Unterstützung in der siegreichen Schlacht bei Gammelsdorf 1313 den Landshuter Bürgern verliehen. Nachgewiesen ist das Wappen aber schon früher auf dem Siegel einer Urkunde. Die Helme symbolisieren wohl den Schutz, also die „Hut", des Landes und nehmen somit Bezug auf den Stadtnamen. Die Anzahl der Helme hat sich möglicherweise aus dem Wappen eines Adeligen ergeben, der in der Gründungszeit, als es noch keine geregelte Verwaltung gab, mit seinem eigenen Siegel testiert hat. Es wird häufig vermutet, dass es sich dabei um die Herren von Moosburg mit den drei Rosen im Wappen gehandelt hat. Um die Wende zum 14. Jahrhundert wurden die Rosen durch die Helme ersetzt.

Stadtentwicklung

Bis heute ist die historische Entwicklung der ursprünglichen Stadtstruktur in Landshut sichtbar. Die erste Ansiedlung schmiegte sich an den Burgberg und um den ersten Bau der Martinskirche. Abt Hermann berichtete 1260 in seiner Chronik, dass Herzog Ludwig 1204 begann, Burg und Stadt zu bauen. Folglich unterscheidet man zwischen diesen beiden Bereichen. Zur Burg, damals ebenfalls „Landshut" genannt, auf dem Berg gehörten die Häuser an der Alten Bergstraße und Am Graben, in denen herzogliche Bedienstete und Handwerker lebten, sowie der heutige Dreifaltigkeitsplatz, wo weitere Bedienstete wohnten und sich bald nach der Gründung Juden ansiedelten. Der Bereich der Stadt begann bei der Abzweigung in die heutige Obere Länd, wo stadteinwärts ein Stadttor, oft als Judentor oder Inneres Münchner Tor bezeichnet, stand. Das Äußere Münchner Tor befand sich am westlichen Ende des Platzes und gehörte zur Burg. Um 1340 erfolgte die Vereinigung der beiden Bereiche und das Innere Münchner Tor wurde abgerissen

Die Ländgasse in ihrem oberen Bereich ist die einzige Gasse der Stadt, die einen gebogenen Verlauf aufweist, wodurch die erste Stadtbefestigung bis heute nachvollziehbar ist. Der durch diesen „Rundling" umfasste Bereich, der die Martinskirche umschloss, stellte für wenige Jahre die Stadt dar. Der stetige Zuzug in den ersten 120 Jahren brachte eine sukzessive Erweiterung mit sich, die sich zunächst entlang der Altstadt in Richtung Heilig-Geist-Brücke hinzog und wahrscheinlich schon bald parallel dazu in der Oberen Neustadt einsetzte.

Wie die genaue zeitliche Abfolge gewesen ist, kann aus heutiger Sicht nicht mehr belegt werden. Ein Datum lässt aber aufhorchen: 1338. In diesem Jahr gründete Herzog Heinrich XIV. der Ältere den neuen Stadtteil Freyung mit der Kirche St. Jodok im Mittelpunkt. Dies bedeutet, dass bis zu diesem Zeitpunkt die Entwicklung von Landshut im Bereich von Altstadt und Neustadt abgeschlossen war und ein neues Viertel errichtet werden musste.

Um die Ansiedlung in diesem sumpfigen Gebiet zu forcieren – bis ins 20. Jahrhundert hinein sprach man von der Freyung auch als der Froschau –, wurden die Neubürger auf zehn Jahre von der Steuer befreit, und im Folgejahr wurde mit der

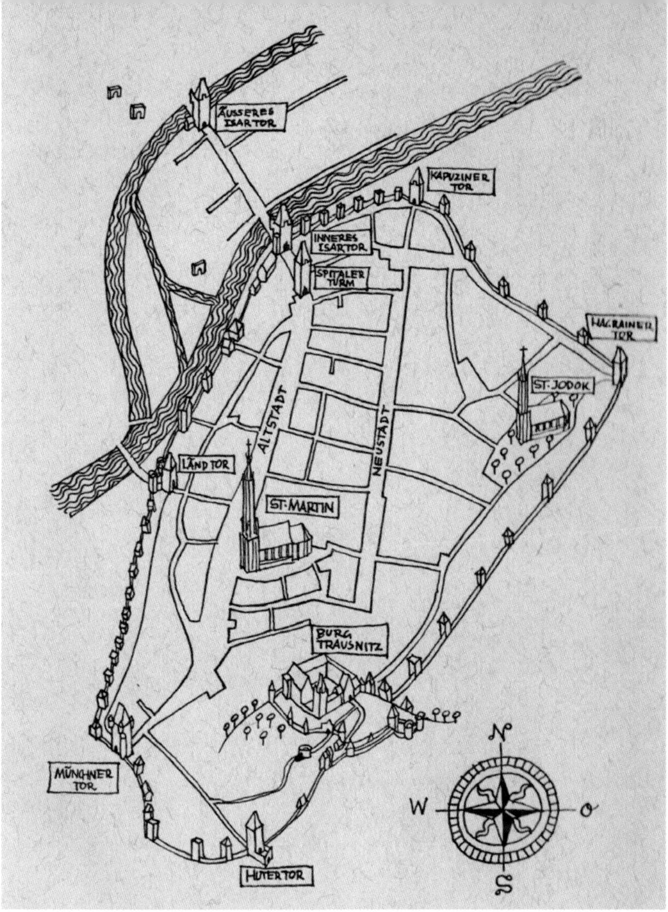

Verlauf der Stadtmauer mit Stadttoren und -türmen auf einer Zeichnung von Franz Högner aus dem Jahr 1957

Bartlmädult ein bis heute existierender Jahrmarkt zur wirtschaftlichen Belebung geschaffen. Mit der Gründung der Freyung war das Wachstum Landshuts im Mittelalter abgeschlossen.

Das Beispiel Freyung/Froschau zeigt, wie ungeeignet dieses sumpfige Gebiet an der Isar eigentlich für eine Stadtgründung gewesen ist. Allerdings förderte die Attraktivität der neuen Stadt den Zuzug, weshalb man alle einstigen Bedenken außer Acht ließ. Ursprünglich hatten die Menschen bewusst nur auf den Isarhangleiten im Norden oder Süden gesiedelt und das Isartal wegen der Überschwemmungen gemieden.

Das Kloster Seligenthal, 1232 gegründet, lag mit seinen Kloster- und Wirtschaftsgebäuden samt Handwerkersiedlung außerhalb der Stadt. Auf Zwischenbrücken hatten sich wegen der guten Wassersituation durch die auf der Höhe Landshuts geteilte Isar Getreidemühlen, Schmieden, Hammermühlen und Bleichen angesiedelt. In Flussnähe lebten Fischer, städtische wie herzogliche, die für die Lebensmittelversorgung mitzuständig waren. Seit den Anfängen der Stadt lassen sich die Schwaiger im Raum Landshut nachweisen, die als Gemüse- und Milchbauern zur Versorgung der wachsenden Bevölkerung beitrugen. Das getreidereiche Niederbayern war ein weiterer Garant für eine gesicherte Nahrungsbelieferung.

Übrigens! *Der Begriff* ***Schwaiger*** *bezeichnet die Bewirtschafter eines Schwaighofes (altdt. Schwaige: Viehherde, -stall, -hof), also eines auf Viehzucht und Milchwirtschaft ausgerichteten Betriebs, in dem Vieh des Grundherrn eingestellt wurde, dem ein jährlicher Zins zu bezahlen war. Im 15. Jahrhundert wurden die Schwaighöfe allmählich durch andere Betriebsformen abgelöst.*

Bis zum Jahr 1342 wurden die meisten Wohngebäude als Holzhäuser errichtet. Nach dem Stadtbrand in diesem Jahr, der einen Großteil der Stadt in Schutt und Asche gelegt hatte, scheinen jedoch Steinbauten zur Vorschrift geworden zu sein. Die Altstadt war von St. Martin nordwärts bis etwa zum Haus Altstadt 300, dem Ende der Bögen und südlich in Richtung Dreifaltigkeitsplatz mittig noch bebaut. Dort standen die Fleisch- und Brotbänke, und vor St. Martin erhob sich ein mächtiger Bau, der die Schranne und zugleich das Rathaus gewesen sein dürfte. Auf dem heutigen Dreifaltigkeitsplatz standen zahlreiche Gebäude, und der Weg in die Stadt hinein führte allein durch den heute noch vorhandenen schmalen Bereich entlang der linken geschlossenen Häuserzeile. Das Bodenniveau der Stadt lag zu diesem Zeitpunkt etwa 3 bis 3,50 Meter tiefer als das heutige.

Herzog Heinrich XVI. der Reiche ließ Anfang des 15. Jahrhunderts die Häuser entlang der damaligen Judengasse und am Dreifaltigkeitsplatz mit „Zustimmung“ der Betroffenen niederlegen. Ebenso verlagerte er die Fleisch- und Brotbänke hinter das Rathaus (bis heute gibt es dort die Fleischbankgasse). Landshut verwandelte sich in dieser Zeit in eine Großbaustelle: Die Altstadt wurde gepflastert, der zweite Bau der Martinskirche erfolgte, und ebenso wurde der Altbau der Heilig-Geist-Kirche durch einen Neubau ersetzt.

Erster Bau der Martinskirche

Die romanische Martinskirche aus der Stadtgründungszeit war zum einen zu klein geworden, und zum anderen hatte sich das Niveau der Straßen erhöht. Beim Bau der Kirche ab 1398 musste das Fundament auf aberhunderte Tannenpfähle gesetzt werden, bis der Bau auf festem Untergrund stand. Als in den 1960er Jahren das Grundwasser durch Baumaßnahmen im Umfeld von St. Martin sank, begann ein Faulungsprozess, in dessen Folge die Pfähle aufwändig durch Beton ersetzt werden mussten, damit St. Martin einen sicheren Stand behielt. Bei diesen Arbeiten stieß man auf die Reste der Vorgängerkirche.

Die Gründe für diese Neugestaltung dürften vielfältiger Art gewesen sein, sicher spielte das sich verändernde, nun erhöhte Straßenniveau eine bedeutende Rolle. Vor der Pflasterung waren die Straßen voller Lehm, Schlamm und Matsch. Um sie dennoch begehbar halten zu können, wurden unterschiedliche Materialien wie Reisig etc. aufgebracht. Wie am Beispiel anderer Städte erforscht, wuchs so das Straßenniveau im Lauf der Jahre beträchtlich an. Schließlich waren die Landshuter gezwungen, die Gebäude anzupassen. Teils wurden sie abgebrochen, teils wurden die Erdgeschosse zu Kellerräumen – eine Erklärung dafür, warum es in der Innenstadt vielerorts wunderschöne Gewölbe im Untergeschoss gibt. In einem Haus in der Kirchgasse findet sich sogar eine Wandfütterung für Pferde! Das anschaulichste Beispiel bietet sich in St. Martin, wo eine Wendeltreppe (nicht immer geöffnet) nach unten auf das Straßenniveau der Vorgängerkirche führt. Das Stadtmodell von Jakob Sandtner zeigt bis heute anschaulich, wie Landshut im Mittelalter bzw. der Frühen Neuzeit ausgesehen hat.

Das Sandtner-Modell

Jakob Sandtner (*16. Jahrhundert in Straubing, dort 1561 Bürger; † unbekannt) war ein Drechsler, der durch seine erstaunlich präzisen Stadtmodelle bekannt wurde. 1568 fertigte er ein hölzernes Modell seiner Heimatstadt Straubing an, das Herzog Albrecht V. erwarb. In dessen Auftrag schuf er weitere Stadtmodelle von Landshut (1570), München (1570), Ingolstadt (1573) und Burghausen (1574). Diese Werke, deren Originale sich im Bayerischen Nationalmuseum in München befinden, bilden aufgrund ihrer Detailtreue wichtige Quellen zur frühneuzeitlichen Stadtgeschichte.
Die Museen der Stadt verwahren im LANDSHUTmuseum im Prantlgarten eine Kopie des Landshuter Modells. Anhand dessen zeigt sich anschaulich die nahezu unveränderte städtebauliche Struktur der Innenstadt vom 16. Jahrhundert bis zum heutigen Tag.

Modell der Stadt Landshut, 1570, gefertigt von dem Straubinger Drechslermeister Jakob Sandtner im Auftrag des Herzogs Albrecht V.

Die die Stadt umschließende Stadtmauer auf dem Stich von Matthäus Merian d. Ä., gefertigt um 1650

Handel und Wirtschaft

Landshut lag seit Anbeginn an einigen Handelsrouten. So bot die Isar für die Flößerei aus dem Oberland in Richtung Donau beste Voraussetzung. Zahlreiche antike Quellen berichten von einer Römerstraße, die von Süden kommend in diesem Gebiet die Isar querte und in Richtung Regensburg bzw. Nürnberg verlief. Bis heute ist es noch nicht gelungen, den genauen Verlauf dieser Straße zu fixieren. Parallel auf der rechten Isarseite verlief ebenfalls eine Straße. Als Kreuzung dieser Routen bot sich die junge Stadt als Marktzentrum an.

Die Altstadt als langer Straßenmarkt weist darauf hin, dass hier regelmäßig Märkte abgehalten wurden. Jeden Tag wurden Waren des täglichen Gebrauchs feilgeboten, so wie dies bis heute auf dem Schwaigermarkt geschieht. Hinzu kamen regelmäßige Wochen- und Monatsmärkte. Bis 1409 standen mitten in der Altstadt von der Martinskirche abwärts bis zum Haus Altstadt 300, also entlang der Bögen, die Fleisch- und Brotbänke. Sie wurden in diesem Jahr hinter das Rathaus verlegt, was bis heute an dem Namen „Fleischbankgasse“ ersichtlich ist, die dort verläuft. Mit der Verlegung der Bänke sollte ein größerer Marktplatz geschaffen werden.

Anfang des 14. Jahrhunderts lässt sich mit der „Bruderkirchweihdult" bereits ein Jahrmarkt nachweisen, über den man quellenmäßig allerdings kaum etwas weiß – weder in welchem Jahr er gegründet wurde, in welchem Monat er stattfand und wo er abgehalten wurde.

Über einen weiteren, die Bartlmädult, ist man dagegen bestens informiert: 1338 gründete Herzog Heinrich den Stadtteil Freyung, und mit einer Urkunde des darauffolgenden Jahres rief er mit Dult um Bartholomä (24. August) einen jährlichen Jahrmarkt zur Förderung des Handels und der Wirtschaft in diesem neuen Stadtviertel ins Leben. Auf dieser wurden 14 Tage lang die verschiedensten Waren angeboten. Sie besteht bis heute und hat sich zu einer Vergnügungsdult mit angeschlossener Verkaufsdult gewandelt.

Übrigens! *Die Bezeichnung* ***Dult*** *stammt aus dem Althochdeutschen und ist im Bairischen weit verbreitet. Es steht für „ausgelassenes Fest" und Jahrmarkt, in der Regel mit kirchlichem Anlass. Der Begriff ist bereits seit dem 8. Jahrhundert belegt.*

Im 18. Jahrhundert ist dann ein Nikolausmarkt erwähnt, und vor dem Martinsfriedhof, der sich in dieser Zeit noch um die Kirche mitten in der Stadt befand, konnten die Beamten ihr Deputatgetreide zum Kauf anbieten und so ihren Sold aufbessern.

Mit der Entstehung der Ladengeschäfte verloren die Märkte allmählich an Bedeutung. Trotzdem haben sich in Landshut der tägliche Schwaigermarkt und der Wochenmarkt in der unteren Neustadt bis heute erhalten. Hinzu kommen nun noch der Christkindlmarkt und Anfang September der Haferlmarkt, der auf der Tradition der Keramiker in der Region Landshut beruht.

Ein weiterer wichtiger Handelsfaktor war die Flößerei auf der Isar, da die Flöße an der Länd – also vor dem Ländtor, das dadurch seinen Namen bekam – „anlanden", sprich anlegen mussten und dort ihre Waren feilboten. Heute steht von dem einst viel größeren Bau nur noch das Außentor des Zwingers. Das Länd- und das Burghauser Tor sind die einzigen erhaltenen von ehedem acht Torbauten.

Seit 1256 regelte eine Polizei- und Preisverordnung den Handel insgesamt und zudem das Zusammenleben der Menschen in der jungen Stadt.

Die Untere Neustadt mit dem freitäglichen Wochenmarkt

Historische Straßennamen (eine Auswahl)

Börmergasse: Der Name rührt von der Verballhornung des Namens Bergmairgässchen her. Die Familie Bergmair besaß im 18. Jahrhundert im Haus Altstadt 363 eine Brauerei.
Fleischbankgasse: Sie verläuft hinter dem Rathaus und ist nach den Fleischbänken benannt, die 1412 aus der Altstadt dorthin verlegt wurden.
Grasgasse und Rosengasse: Die beiden Gassen verbinden die mittlere Altstadt und die Neustadt. Der Name „Grasgasse" rührt mit Sicherheit von einem alten Flurnamen her. Der Sage nach wurden während der Pest die Zugänge zur Gras- und zur Rosengasse wegen der Vielzahl an Pesttoten zugemauert. Als man sie nach Jahren wieder geöffnete, blühten in der einen Rosen und in der anderen wucherte Gras. Die Namen der beiden Gassen sind allerdings schon vor der ersten Pest 1348 belegt, so dass es nur eine schöne Sage ist.
Herrngasse: Diese Gasse verbindet die untere Altstadt und die Neustadt und wurde bis um 1800 Herdgasse (Verballhornung zu Herrngasse) genannt. Durch sie wurden die Viehherden zum Markt in der Neustadt getrieben.
Nahensteig: Im Mittelalter befanden sich hier die Häuser der jüdischen Bewohner. Entlang des Burgbergs floss ein Bach,

hebräisch „Nachen“. Daraus entstand im Volksmund schon Ende des 15. Jahrhunderts die Bezeichnung „Narrensteig“, aus dem sich dann Nahensteig entwickelte.
Orbankai: Benannt ist diese Promenade nach dem Jesuitenpater Ferdinand Orban (1655–1732), der mit seinem Vermächtnis schon zu Lebzeiten die Stiftung des Heilig-Geist-Spitals gestärkt und den Bau der neuen Spitalgebäude ermöglicht hatte.
Schirmgasse: Der Name hat sich aus der einstigen Bezeichnung Schergengasse entwickelt. Im ältesten Steuerbuch der Stadt von 1493 wird sie als solche bereits erwähnt und ist nach dem Schergenhaus, Haus Nr. 264, benannt. Die Schergen waren im Mittelalter städtische Vollzugsbeamte, den heutigen Polizisten vergleichbar, die die Einhaltung der städtischen Vorschriften und Satzungen zu überwachen hatten.
Taubengässchen: Das Gässchen erhielt den Namen vom Taubenmarkt, der jeden Sonntagvormittag dort stattfand. Zum letzten Mal ist er Ende des 18. Jahrhunderts erwähnt und wurde in der Folge zusammen mit dem Wochenmarkt abgehalten.
Zwerggasse: Der Name leitet sich von „Zwerch“ mit der Bedeutung „quer“ ab, also „Quergasse“. Dieses Wort ist heute noch im Begriff Zwerchfell lebendig.

Eckdaten zur Geschichte der Stadt

1204	„Herzog Ludwig von Bayern beginnt Burg und Stadt Landshut zu bauen“, vermerkt der Abt Hermann von Niederaltaich.
1232	Herzogin Ludmilla, Witwe Herzog Ludwigs des Kelheimers (reg. 1183–1231), gründet die Zisterzienserinnenabtei Seligenthal.
1232	Erste Erwähnung des Heilig-Geist-Spitals.
um 1250	Erweiterung der Stadt um die untere Altstadt von der Steckengasse bis zum Spitaltor.
1255	Erste Teilung des Herzogtums Bayern in ein Ober- und ein Unterland. Herzog Heinrich der Ältere (reg. 1253–1290) erhält das Unterland mit Landshut als Residenzstadt.
1271	Gründung des Dominikanerklosters außerhalb der Stadt.

Der Erker des Rathauses, der bei dem Umbau 1571 hinzugefügt worden ist, stellt eine Besonderheit dar: Nach einem Magistratsbeschluss von 1407 durften in der Stadt keine Balkone oder Erker angebaut werden. Sogar Ludwig X. hielt sich beim Bau seiner Stadtresidenz daran.

um 1250	Zweite Erweiterung der Stadt um die Neustadt.
1280	Gründung des Franziskanerklosters am Fuß des Hofbergs außerhalb der Stadt.
um 1320	Dritte Erweiterung der Stadt um den Dreifaltigkeitsplatz.

1338	Vierte Erweiterung der Stadt: Herzog Heinrich XIV. (reg. 1310–1339) gründet den Stadtteil Freyung und kommt mit den Bürgern überein, dort die Jodokskirche zu erbauen. Die neue Stadtmauer bezieht das Dominikanerkloster und das Franziskanerkloster in die Stadt ein.
1339	Herzog Heinrich XIV. stiftet in die neu gegründete Freyung einen Jahrmarkt, die heutige Bartlmädult, und einen Freitag-Wochenmarkt.
1340	Die Linie Herzog Heinrichs des Älteren von Niederbayern erlischt. Das Herzogtum fällt an den Herzog von Oberbayern und späteren Kaiser (reg. 1328–1347) Ludwig den Bayern.
um 1340	Fünfte und letzte Erweiterung der Stadt im Mittelalter. Der Bereich um den heutigen Bischof-Sailer-Platz wird in die Stadt einbezogen. Man errichtet dort Stadelgebäude zur Versorgung der wirtschaftlich gut florierenden Stadt.
1342	Am 6. Mai vernichtet ein Stadtbrand 112 Häuser, die Nebengebäude nicht mitgerechnet. Daraufhin werden die Bürgerhäuser aus Stein gebaut.
1369	Teilung der Altpfarrei St. Martin; St. Jodok wird zur zweiten Stadtpfarrei erhoben.
1389	Erste urkundliche Erwähnung des Baues der jetzigen Martinskirche anstelle des romanischen Vorgängerbaus.
1392	Das Herzogtum Bayern wird wieder geteilt. Herzog Friedrich (reg. 1375–1393) erhält das Unterland; Landshut wird Residenzstadt.
1393	Herzog Heinrich XVI. (reg. 1393–1450), der erste der „reichen" Herzöge von Bayern Landshut, übernimmt die Regierung des Herzogtums Bayern-Landshut.
1407	Grundsteinlegung für die Heilig-Geist-Kirche; vollendet 1461.
1444	Baubeginn des Martinsturms; vollendet um 1500.
1450	Nach dem Regierungsantritt Herzog Ludwigs IX. des Reichen (reg. 1450–1479) werden die Juden aus Landshut vertrieben, sofern sie sich nicht taufen lassen; Umbau der jüdischen Synagoge am Dreifaltigkeitsplatz zu einer Nebenkirche von St. Martin (Dreifaltigkeits- oder Salvatorkirche).

um 1460	Herzog Ludwig der Reiche stiftet neben der Pfarrkirche St. Jodok das Franziskanerinnenkloster Hl. Kreuz (heute Hans-Carossa-Gymnasium).
1472	Herzog Ludwig gründet die Universität Ingolstadt, die 1800 nach Landshut und 1826 nach München verlegt wird.
1475	Herzog Georg der Reiche (reg. 1479–1503) heiratet Hedwig, die Tochter des polnischen Königs Kasimir.
1479	Herzog Georg tritt die Nachfolge seines verstorbenen Vaters an.
1503	Mit Herzog Georg stirbt die Landshuter Linie der Wittelsbacher in der männlichen Nachfolge aus.
1503–1505	Landshuter Erbfolgekrieg; die Tochter Georgs, Elisabeth, und ihr Mann Ruprecht von der Pfalz kämpfen um das väterliche Erbe, obwohl die wittelsbachischen Hausverträge dem entgegenstehen. Beide sterben während des Kriegs an Krankheiten.
1506	Im „Kölner Schiedsspruch" wird das bayerische Unterland mit dem Oberland vereinigt.
1516	Herzog Ludwig X. (reg. 1514–1545) residiert bis zu seinem Tod 1545 in Landshut, da er vor dem Erlass des Primogeniturgesetzes geboren worden war und folglich noch Anspruch auf eine Beteiligung an der Herrschaft hatte, die er dann über das Unterland ausübte.
1536	Herzog Ludwig lässt in der Altstadt die Stadtresidenz, den ersten Renaissancepalast nördlich der Alpen, errichten.
1551	Die Burg Landshut wird erstmals Trausnitz genannt.
1568	Herzog Wilhelm V. (reg. 1579–1597) verbringt seine Erbprinzenjahre bis 1579 in der Residenz und auf der Burg, die er im Renaissancestil umbauen lässt.
um 1570	Der Straubinger Drechslermeister Jakob Sandtner fertigt im Auftrag Herzogs Albrecht V. (reg. 1550–1579) ein Modell der Stadt im Maßstab 1:750.
1596	Verlegung des Kollegiatstifts St. Kastulus von Moosburg nach Landshut.
1610	Gründung des Kapuzinerklosters.
1627	Gründung des Kapuzinerinnenklosters Maria-Loreto.
1629	Gründung des Jesuitenklosters und des Jesuitengymnasiums in der oberen Neustadt.

Das oberste Segment des Treppengiebels des Hauses Altstadt 69

1632	Erste Brandschatzung der Stadt durch die Schweden. Weitere folgen 1634 und 1648.
1668	Gründung des Ursulinenklosters in der unteren Neustadt durch Kurfürst Ferdinand Maria.
1771	Mit dem Abbruch des Spitalertors beginnt die Entfernung der mittelalterlichen Stadttore.
1800	Verlegung der bayerischen Landesuniversität von Ingolstadt nach Landshut.
1802	Beginn der Säkularisation; Aufhebung der Klöster der Bettelorden in Landshut: Dominikaner, Franziskaner, Franziskanerinnen, Kapuziner, Kapuzinerinnen. Die Hohe Schule wird in Ludwig-Maximilians-Universität umbenannt.
1803	Aufhebung des Kollegiatstifts St. Martin und Kastulus und der Zisterzienserinnenabtei Seligenthal.
1809	Aufhebung des Ursulinenklosters. Napoleon besiegt am 21. April die Österreicher und zieht in die Stadt ein.
1826	Verlegung der Universität nach München.

1839	Landshut wird Sitz der Regierung des 1837 von König Ludwig I. gebildeten „Kreises" Niederbayern.
1848	Errichtung der ersten Evangelischen Kirche am Regierungsplatz.
1858	Eröffnung des Bahnhofs an der Regensburger Straße mit Beginn des Eisenbahnverkehrs zwischen München und Landshut.
1880	Neugestaltung des Rathausprunksaales.
1897	Die evangelische Gemeinde bezieht die im neuromanischen Stil erbaute Christuskirche.
1903	Erste Aufführung der „Landshuter Hochzeit" durch den Verein „Die Förderer".
1932	Zusammenlegung der Regierungen von Niederbayern und der Oberpfalz mit Sitz in Regensburg.
1945	Am Josefitag, dem 19. März, erfolgt der schwerste Bombenangriff auf Landshut, der das Bahnhofsgelände zum Ziel hatte. Am 1. Mai marschieren die Amerikaner ein.
1956	Wiedererrichtung der Regierung von Niederbayern mit Sitz in Landshut.
1961	Brand auf der Burg Trausnitz; Zerstörung des Fürstenbaues mit wertvollster Einrichtung.
1972–1974	Durch die Gebietsreform vergrößert sich das Stadtgebiet Landshuts von ca. 19 km² auf rund 66 km².
1975	Endgültig Abschluss der Sanierungsarbeit auf Burg Trausnitz.
1978	Gründung der Fachhochschule Landshut, seit 2008 Hochschule für angewandte Wissenschaften Landshut.
1985	Altstadtumbau.
1991	Abschluss der Sanierungsarbeiten an St. Martin.
1997	Sanierungsarbeiten an St. Jodok beendet.
1998	Heilig-Geist-Kirche saniert.
1998	Eröffnung Skulpturenmuseum im Hofberg, seit 2018 KOENIGmuseum.
1999	Fertigstellung des Josef-Deimer-Tunnels (bis 2007 Hofbergtunnel).
2002	Erhebung von St. Martin zur Basilika Minor.
2004	Die Stadt Landshut feiert ihr 800-jähriges Bestehen.
2022	Landshut übersteigt die 75.000-Einwohner-Marke.

KREUZ UND QUER DURCH LANDSHUT:

FÜNF SPAZIERGÄNGE

Den Verlauf der fünf Routen finden Sie im Stadtplan (siehe vordere Umschlagklappe); die einzelnen Sehenswürdigkeiten sind dabei im Text mit Nummern versehen und auf diese Weise im Stadtplan auffindbar.
Die fünf in diesem Buch vorgestellten Spaziergänge verstehen sich als Empfehlungen: Sie können miteinander kombiniert, erweitert oder auch abgekürzt werden. Für alle Routen empfehlen wir festes, bequemes Schuhwerk, da manche Wege etwas abseits der asphaltierten Straßen verlaufen. Bis auf wenige Ausnahmen – beispielsweise das „Ochsenklavier“ zur Burg Trausnitz – sind die Spaziergänge rollstuhlgerecht und mit Kinderwägen begehbar. Allerdings erschweren Kopfsteinpflaster, hohe Randsteine und schmale Gehsteige stellenweise die Befahrbarkeit.

A VON DER ALTSTADT ZUR NEUSTADT – ÜBER DIE BEIDEN STRAẞENMÄRKTE

Rathaus – St. Martin – Ländtor – Neustadt – Ursulinen (großer Rundgang)

Dieser Spaziergang führt die Besucherinnen und Besucher an die sehenswertesten Plätze und Gebäude Landshuts und vermittelt einen Gesamteindruck der Stadt. Der Weg führt großteils durch die Fußgängerzone bzw. verkehrsberuhigte Bereiche. Er ist barrierefrei, aber das Kopfsteinpflaster kann von dem einen oder anderen als hinderlich empfunden werden.

Dauer: ca. 90 Minuten

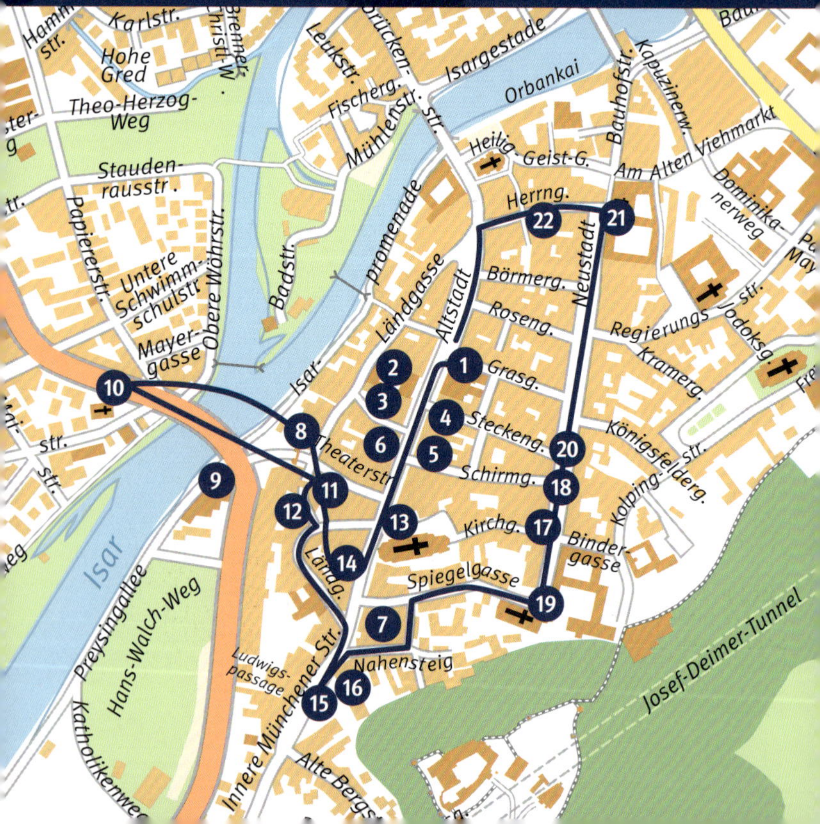

Blick vom Klausenberg über die Stadt und das Isartal

Das **Rathaus** ist der beste Ausgangspunkt für die Erkundung Landshuts. Das wuchtige Gebäude an der Ecke Altstadt/Grasgasse setzt sich aus drei gotischen Häusern zusammen, die mit einer Fassade verbunden wurden. Das erste Rathaus der Stadt hat sich mit Sicherheit im Bereich der Martinskirche befunden, ehe der Rat der Stadt 1380 das heutige mittlere Haus erwarb. 1452 wurde das Eckhaus hinzugekauft; 1503 rundete das rechte Gebäude den Komplex ab. Im Zuge des ersten Umbaus um 1570 schuf man den beachtlichen Sandsteinerker, der eine Ausnahme in Landshut darstellt. 1

Das Landshuter Rathaus; deutlich ist noch erkennbar, dass im Spätmittelalter drei Häuser dafür zusammengefasst worden sind. Die neugotische Fassade entstammt dem Umbau ab 1861.

Aufgrund eines Ratsbeschlusses aus dem Jahr 1407 durften keine Erker gebaut werden. Warum man sich in diesem Fall über diese Vorschrift hinweggesetzt hat, ist nicht überliefert. Die markante neugotische Fassade stammt aus dem Jahr 1861. In der kleinen Rathausgalerie, die durch ihre farbige mittelalterliche Holzdecke beeindruckt, finden Wechselausstellungen statt. Gleiches gilt für den Rathauskeller mit seinem Gewölbe aus dem 14. Jahrhundert. Ein besonderes Juwel ist der Rathausprunksaal, der sich seit dem Mittelalter im Obergeschoss des Mittelgebäudes befindet. Während der Landshuter Hochzeit 1475 fand hier der Tanz der Brautleute statt. 1862 wurde beschlossen, den Saal neu zu gestalten. Zahlreiche Entwürfe wurden diskutiert. Da die staatliche Kulturförderung mitwirkte, musste ein Thema gefunden werden, das sowohl den städtischen Interessen als auch denen des Ministeriums für Kultus entsprach. Nach langer Diskussion wurde 1876 Georg Hauberrisser mit der Umgestaltung des Saales beauftragt. Die Münchner Maler August Spieß, Rudolf Seitz, Ludwig Löfftz und Konrad Weigand erhielten den Auftrag, die Wände mit dem Hochzeitszug von 1475 zu schmücken, der sowohl das Haus Wittelsbach als auch die Bürger Landshuts entsprechend darstellte.

Rathausprunksaal mit dem Wandgemälde der Landshuter Hochzeit aus den Jahren ab 1876

Detail der Wandmalerei im Rathausprunksaal, gemalt von August Spieß, mit der Brautkutsche Prinzessin Hedwigs und Georgs des Reichen

Das Gemälde „Der Hochzeitszug von 1475" im Rathaus

Links vom Eingang beginnt das umlaufende Gemälde mit der Arbeit von Rudolf Seitz. Den Zug führt der herzogliche Herold an, gefolgt von Landsknechten und Musikanten zu Pferd. Edeldamen schreiten vor den Turnierrittern, die Herzog Christoph der Starke von Bayern-München anführt. Gefolgt wird die Gruppe von den Abgesandten der Städte, die Landshuter Bürger sind am Drei-Helmen-Wappen erkennbar. Der hohen Geistlichkeit unter dem Baldachin schreitet der Erzbischof von Salzburg voran, der die Trauung in St. Martin vollzog. Gestaltet wurde dieses Bild von Ludwig Löfftz. Auf der dem Eingang gegenüberliegenden Seite setzt sich der Hochzeitszug fort. Den Fürsten und hohen Herren aus den verschiedenen Fürstentümern des Deutschen Reiches folgen Kaiser Friedrich III. und sein Sohn Maximilian, später der letzte Ritter genannt, in ritterlichem Harnisch zu Pferd. Diese Darstellung entstammt dem Pinsel von Konrad Weigand. August Spieß schuf die Sequenz mit dem Brautgespann: Hedwig im goldenen Brautwagen und an ihrer Seite auf einem Rappen reitend der Bräutigam Herzog Georg der Reiche. Den Schluss des Zuges bilden Gäste aus Sachsen, am Banner erkennbar, sowie eine Vielzahl Landshuter Bürger.

Die hölzerne Decke des Saales zeigt Wappen bedeutender Bürger aus dem Mittelalter, während am Balkon folgende Wappen (von links nach rechts) angebracht sind: Bayerisches Staatswappen, Doppelkreuz des Heilig-Geist-Spitals, Wappen des Herzogtums Bayern, Polnischer Adler, Sächsisches Wappen, Wappen von Seligenthal. Die Kachelöfen an den Seiten sind Landshuter Produktionen und stammen aus der Werkstätte von Franz Reither. Der Prunksaal wird für Konzerte, Theateraufführungen und Empfänge der Stadt genutzt.

Landshuter Hochzeit

Reiter- und Ritterspiele: ein Ringelstecher beim perfekten Stich

Am 14. November 1475 heiratete Herzog Georg der Reiche die polnische Königstochter Hedwig. Über dieses prachtvolle Fest sind zwölf zeitgenössische Berichte überliefert, sodass man es heute authentisch nachfeiern kann. Mit dieser Heirat festigte der polnische König Kasimir die Bindung seines Reiches mit dem Deutschen Reich. Weitere Eheschließungen seiner Kinder verfolgten das gleiche Ziel. Georgs Vater, Herzog Ludwig der Reiche von Bayern-Landshut, hatte ab 1474 Verhandlungen über die Heirat geführt, da sie zum einen traditionell gute Beziehungen nach Osten hatten und zum anderen eine königliche Braut ihrem erreichten Stand am besten entsprach.

Nach zweimonatiger Brautfahrt, zuletzt über Nürnberg, Ingolstadt und Moosburg, erreichte Hedwig ihre neue Heimat Landshut, wo die Eheschließung in der Pfarrkirche St. Martin vollzogen wurde. Anschließend geleitete Kaiser Friedrich III. die Braut zum Hochzeitsreigen – ein enormes Spektakel mit zehntausend feiernden Gästen. Acht Tage lang wurden die Gäste kostenlos und üppig bewirtet. Die Bürger und Bewohner Landshuts wurde ebenfalls versorgt, aber weniger opulent als der Adel.

Die bis heute erhaltene Originalrechnung der Hochzeitsfeierlichkeiten weist unter andern auf, dass 323 Ochsen verspeist und 193.345 Eier verbraucht wurden. Alle Ausgabenposten sind akkurat aufgeführt und zum Schluss exakt abgerechnet. Die Ausgaben entsprachen etwas mehr als dem Jahresnettoreingewinn des Herzogtums Bayern-Landshut. Ludwig der Reiche konnte sich derartige Feste offenbar leisten, hatte er doch ein Jahr zuvor, 1474, in der Amberger Hochzeit bereits seine Tochter Margarete mit Kurprinzen Philipp von der Pfalz fast genauso prächtig verheiratet.

Die Morisken beim Festzug in der Altstadt

Auch seine eigene Hochzeit 1450 mit Amalie von Sachsen stand diesen Festen, wie neuere Forschungen zeigen, in nichts nach.
Die Landshuter Hochzeit von 1475 war eines der größten Feste des ausgehenden Mittelalters. Fast der gesamte europäische Hochadel hatte sich in der Stadt eingefunden. In seinem Ablauf repräsentierte es den Glanz der Gotik, doch stand das Fest schon am Ende des Mittelalters, denn der Wechsel hin zu Renaissance und Humanismus hatte – für die Menschen zwar unmerklich – bereits eingesetzt. Die Reformation und der Aufbruch in die Neue Welt standen unmittelbar bevor.
Die Wandgemälde im Rathausprunksaal aus der 2. Hälfte des 19. Jahrhunderts waren ausschlaggebend, dass Landshuter Bürger 1902 den Verein „Die Förderer" gründeten, der sich die Aufgabe stellte, zur 3. Niederbayerischen Industrie- und Gewerbeschau im Jahr 1903 einen Hochzeitszug aufzuführen. Von diesem Ereignis ausgehend entwickelte sich die Aufführung der Landshuter Hochzeit stetig weiter. Ein Festspiel wurde geschrieben, ein Tanzspiel einstudiert und bald auch ein Ritterturnier veranstaltet. In

Das Brautpaar der Landshuter Hochzeit 2023

der Folge kamen die Veranstaltungen „Musik um 1475“ und der „Nächtliche Mummenschanz“ hinzu. Die Landshuter Hochzeit wird alle vier Jahre mit etwa 3.000 Mitwirkenden aufgeführt. Abertausende Besucher strömen aus nah und fern an den vier Wochenenden in die Stadt und tauchen in ein mittelalterliches Fest ein. Die Landshuter Hochzeit wurde 2018 in das Bundesweite Verzeichnis des immateriellen Kulturerbes aufgenommen.

Die Stadtresidenz, erbaut 1536 bis 1543 von Herzog Ludwig X., mit klassizistischer Fassade

Schräg gegenüber dem Rathaus steht die **Stadtresidenz** mit 2
ihrer klassizistischen Fassade. Erbaut unter Herzog Ludwig X. in den Jahren 1536 bis 1543, besteht sie aus zwei architektonisch unterschiedlichen Baukörpern, dem sogenannten Deutschen Bau an der Altstadt, geplant von Baumeister Bernhard Zwitzel aus Augsburg, und dem sogenannten Italienischen Bau (Nord-, West- und Südtrakt im Arkadenhof), hinter dessen Konzeption nach dem Vorbild des Palazzo del Te in Mantua der Einfluss Giulio Romanos vermutet wird. In der Altstadt verdrängte der „Neubau", wie die Residenz nüchtern genannt wurde, neben mehreren Bürgerhäusern ein im Jahr 1409 von Herzog Heinrich dem Reichen gekauftes und als herzogliches Zollhaus sowie gelegentlich als Stadtwohnung verwendetes Gebäude.

Ludwig X. starb 1545 – zwei Jahre nach der Fertigstellung seiner Residenz. Im selben Jahr wurde das herzogliche Zollamt im Altstadtbau untergebracht; im Übrigen aber stand das Gebäude zumeist leer, bisweilen diente es als Unterkunft

Italienischer Saal der Stadtresidenz

für hochrangige Gäste. Im Jahr 1705 bezog hier die österreichische Landesadministration Quartier, von 1780 bis 1800 unterhielt Pfalzgraf Wilhelm von Birkenfeld-Gelnhausen einen Hofstaat mit 72 Bediensteten in der Residenz. Kurz zuvor hatte Kurfürst Karl Theodor durch seinen Hofbaudirektor Carl von Lespilliez den Bau umgestalten und der Altstadtfassade ihr heutiges klassizistisches Aussehen verleihen lassen. Den Brunnen in der Südhalle des Innenhofs ziert seither eine Skulptur des Landshuter Bildhauers Christian Jorhan.

Im Hauptgeschoss des Deutschen Baus wurden für Wilhelm die sogenannten Birkenfeldzimmer angelegt. Im zweiten Obergeschoss befindet sich der Deutsche Saal mit einer von Andreas Fuegl um 1540 geschaffenen Kassettendecke aus Nussbaumholz.

Die Säle im Erdgeschoss und im Hauptgeschoss des Italienischen Baus an der Ländgasse präsentieren sich mit ihren prachtvollen Renaissancemalereien dem heutigen Besucher als ein von humanistischer Gelehrsamkeit angelegtes Bilderbuch antiker Mythologie und alttestamentarischer Glaubenslehre. Die Deckengemälde sind Arbeiten des Holländers Herman Posthumus, des Salzburgers Hans Bocksberger und des Ingolstädters Ludwig Refinger. Die Motive der Malereien sind zu einem großen Teil den Metamorphosen (Verwandlungssagen) des antiken römischen Dichters Ovid entnommen. Im Italienischen Saal verdienen die zwölf Thomas Hering zugeschriebenen Kalksteinreliefs Beachtung, die sich mit zahlreichen Abenteuern des griechischen Helden Herkules auseinandersetzen.

Vom Innenhof der Residenz, dessen Pflaster 1994 nach alten Befunden wiederhergestellt wurde, gelangt man durch eine Türe in der südlichen Arkadenhalle in den sogenannten Küchenhof. Die Wände im Süden und im Westen tragen noch Reste illusionistischer Architekturmalerei. Ab 1568 wurde dort der später so bezeichnete Küchenbau errichtet, dessen ursprüngliche Funktion die eines herzoglichen Bades war. Ein über die Ländgasse geführter Torbau verbindet den Italienischen Bau mit den Nebengebäuden an der Isar, den Stallungen, den Wirtschaftsgebäuden und dem Isarpavillon.

Weshalb die „hohen" Hausnummern?

Die Adresse des Landshuter Rathauses beispielsweise lautet Altstadt 315. Bei dieser Nennung stutzt mancher und fragt sich, was es mit dieser hohen Nummerierung auf sich haben könnte. Es gibt doch keine 315 Häuser in der Altstadt, oder doch? Nein, die gibt es wirklich nicht. Die hohen Hausnummern gehen auf das Jahr 1791 zurück, als der Magistrat die ursprüngliche Einteilung durch eine fortlaufende Hausnummerierung von 1 bis 978 ergänzte. Dabei wurden alle Viertel der Stadt, auch die Vorstädte, miteinbezogen. Der Gedanke hinter dieser Umbenennung bestand darin, alle Viertel gleichwertig zu machen. Im Jahr 1808 erfolgte eine Aktualisierung, so dass nur mehr die Hausnummern 1 bis 782 im historischen Stadtbereich galten, während die Vorstädte ab diesem Zeitpunkt eigens gezählt wurden. Die im Laufe des 19. Jahrhunderts hinzukommenden Straßen erhielten schließlich eine eigene Nummerierung. Die bis heute gültigen Hausnummern in der Altstadt stellen für die Postboten eine Herausforderung dar, da sie sich einzig an der Straßenbezeichnung orientieren können. Auch hier gilt wohl: Übung macht den Meister!

Im Haus neben der Residenz **(Altstadt 78)** wohnte Franz 3
Graf von Pocci, bekannt als der Kasperl-Graf, der Erfinder des Kasperls Larifari, während seiner Studentenzeit 1825–1826. In dem Haus befindet sich die älteste Eisdiele Landshuts, das „Panciera".

4 Der Weg in Richtung Obere Altstadt führt am **Grasbergerhaus** (Altstadt 300) vorbei. Das 1453 erbaute Gebäude weist unter den Bögen ein spätgotisches Netzgewölbe auf. Einmalig im altbayerischen Bürgerhaus ist der große, über einer kräftigen Mittelstütze gewölbte Raum. Während der Landshuter Hochzeit 1475 wohnte die Braut in diesem Haus, das sich damals im Besitz der bedeutenden Familie Oberndorfer befand.

5 Auf eine lange Tradition kann das **Café Belstner** im Haus Altstadt 295 zurückblicken. 1868 von Konditormeister Wilhelm Belstner eröffnet, wurde es schon bald zu einem Treffpunkt für Landshuter, „die etwas auf sich hielten". Belstners Fähigkeiten „Kunstwerke aus Zucker" zu fertigen, sprach sich bis nach München herum, und so erlangte er zur Zeit Prinzregent Luitpolds den Titel „königlich-bayerischer Hoflieferant" für seine „Conditorei, Chocoladen, Confituren-Erzeugnisse". Im Laufe der Jahre fanden einige Pächterwechsel statt, was dem „Belstner" allerdings keinen Abbruch tat. Die illustren Gäste kamen auch weiterhin: So schaute beispielsweise der ehemalige amerikanische Außenminister Henry Kissinger dort vorbei, wenn er seinen Freund in Ergoldsbach besuchte, und die englische Rockband Uriah Heep hat sich ebenfalls im Gästebuch verewigt. Bis heute ist das Café Belstner ein fester Bestand der Gastronomie in der Altstadt.

Venedig an der Isar

Der Markuslöwe, der sich über dem Eingangsportal des Gebäudes in der gleich neben dem Café Belstner von der Straße Altstadt abzweigenden Schirmgasse 268 befindet, weist auf Handelsbeziehungen des Hausbesitzers nach Venedig hin. Im 15. und 16. Jahrhundert gehörte das Haus der angesehenen Familie Kreidweiß, deren Mitglieder im Inneren Rat der Stadt vertreten waren und zeitweise einen der Bürgermeister stellten. Die Kreidweiß übten das Handwerk des Tuchscherers aus, der mit dem Scheren Textilstoffe veredelte. Bürger der Stadt Landshut, aber auch die Herzöge selbst haben im Laufe der Jahrhunderte ständig gute Beziehungen in den Süden, vor allem nach Oberitalien, gepflegt. Mit diesem Relief an seinem Haus dokumentiert der Besitzer seine Stellung als Handeltreibender, aber auch als wohlhabender Bürger Landshuts.

Das Silbernagl-Anwesen, Altstadt 72

Rechter Hand erhebt sich das **Silbernagl-Anwesen** und präsentiert sich als mächtiges Patrizierhaus. Der Name stammt vom Bierbrauer Josef Silbernagl, der von 1830 bis 1857 Eigentümer war, und folgerichtig beherbergte es das Gasthaus Silbernagl. Das mächtige Haus entstand aus dem Zusammenschluss mehrerer Häuser und ist in der Größe schon im Sandtner-Modell von 1571 sichtbar. Im Mittelalter war es das Patrizierhaus der Familie Leitgeb. Traufständig umgebaut wurde es im 17. Jahrhundert. 6

Die Häuser in der Altstadt, aber auch in der Neustadt und der Freyung waren ursprünglich kleinteiliger. Man geht davon aus, dass sie ein Zufahrtstor im Erdgeschoss und im Obergeschoss zwei Fensterachsen aufwiesen. Mit steigendem Wohlstand wurden die Häuser um ein Geschoss erhöht und eventuell stellenweise das Nachbargebäude erworben und integriert.

Das Haus ohne Bögen

Das Haus **Altstadt 193** präsentiert sich dem Betrachter als das einzige Haus auf der gesamten Südseite der Altstadt ohne Bögen. Die Erklärung dafür geht in das Mittelalter zurück. Als Herzog Ludwig der Kelheimer 1204 begann, Burg und Stadt in Landshut zu bauen, wurden zwei getrennte Bereiche geschaffen: die Stadt und der Burgbereich, der sich 7

Häuserzeile in der oberen Altstadt

nicht nur auf die Burg oberhalb Landshuts begrenzte, sondern sich den Berg hinunterzog und den heutigen Dreifaltigkeitsplatz miteinschloss. Dieser Burgbereich wurde durch das Innere Münchner Tor, auch Judentor genannt, von der Stadt abgetrennt, da er einen eigenen Rechtskreis darstellte. Bis 1410 stand hier das Tor, ehe unter Heinrich dem Reichen die Gebäude, die auf dem Dreifaltigkeitsplatz standen, wie auch das Tor und im weiteren Verlauf der Altstadt die Fleisch- und Brotbänke abgerissen wurden und der heutige „Straßenmarkt“ Altstadt geschaffen wurde. Die getrennten Rechtsbereiche blieben bestehen. Die zurückgesetzte Fassade am Haus 193, die nach dem Abbruch des Stadttores entstanden war, wurde nicht durch Bögen den anderen Häuser angepasst.

Geht man durch die Altstadt, so muss einem zudem bewusst sein, dass ursprünglich das Niveau der Straße etwa drei Meter tiefer lag als das heutige. Ausgrabungen bei der Umgestaltung der Altstadt Anfang der 1980er Jahre bestätigten dies und brachten die Fundamente der Fleisch- und Brotbänke zum Vorschein, deren Verlegung 1409 in einem Stadtbuch erwähnt ist. Dort wird von den „Bänken mitten in der Straß“ gesprochen.

Das Ländtor, heute nur noch der Zwinger des ehemaligen Tores, das 1852 abgebrochen wurde, um die damalige Theatergasse wegen des wachsenden Verkehrs zu verbreitern

Die Theaterstraße führt zum **Ländtor**, einem von ursprünglich acht Toren, die den Zugang in die Stadt sicherten. Bis in die Mitte des 19. Jahrhunderts bestand es aus einem Torturm und einem vorgelagerten Zwinger. Der Torturm wurde 1852 abgerissen, als man die Verbreiterung der Theaterstraße plante, sodass heute nur mehr das Tor des Zwingers erhalten ist. Außerhalb des Ländtores öffnet sich die „Länd“ hin zu Isar. Das Wort leitet sich von Lände, dem Anlandeplatz für Flöße, ab. Bis weit über die Mitte des 19. Jahrhunderts war der Transport mit Flößen die einzige praktikable Möglichkeit, Waren aus dem bayerischen Oberland in Richtung Donau und weiter zu transportieren. Der Siegeszug der Eisenbahn sorgte schließlich für das Ende der Flößerei. 8

Übrigens! *An der Länd wird sehr anschaulich, was es mit den **Bistumsgrenzen** in Landshut auf sich hat: Man selbst steht auf dem Boden des Erzbistums München und Freising, während die Christuskirche und das Hotel auf der gegenüberliegenden Flussseite bereits zum Bistum Regensburg gehören.*

Der „Bernlochner" mit Stadttheater von der Wöhrdstraße aus

9 Der Ländtorplatz wird vom **„Bernlochner"** beherrscht. Der Komplex wurde 1841 vom Landshuter Baumeister Johann Bernlochner vollendet, der die Notwendigkeit eines Theaters für Landshut erkannt hatte und ein solches in privater Initiative errichtete. Zuvor hatte er hier schon eine Gaststätte mit Tanzsaal und Vereinszimmer sowie ein Hotel errichtet. Johann Baptist Bernlochner (1799–1868) hat mit zahlreichen Bauten das Erscheinungsbild Landshuts im 19. Jahrhundert maßgeblich beeinflusst – seine Häuser sind aus dem Stadtbild nicht mehr wegzudenken. „Der Bernlochner" ist bis heute Spielstätte des Landestheaters Niederbayern. Da aber das Gebäude mit Ausnahme des Restaurants und dem darüberliegenden Redoutensaal äußerst sanierungsbedürftig ist, ist das Theater bis auf weiteres in ein Theaterzelt auf dem Messegelände ausgelagert.

Bernlochners Bauten, oftmals an markanten Plätzen gelegen, wurden damals zum Teil jedoch kritisch gesehen. So vermerkt der Chronist Franz Paul Weber anlässlich Bernlochners Tod: „Derselbe hat neben anderen hervorragenden, wenn auch nicht zum Stadtbilde Landshuts passenden Bauten, wie die Häuser Altstadt 94/95 und Altstadt 334, das Hotel und das Theater hier erbaut."

Nur ein kurzer Gang über die Luitpoldbrücke führt zur
10 **Christuskirche.** Sie war die erste große protestantische Kirche Landshuts und wurde im neuromanischen Stil in den Jahren 1895 bis 1897 nach Plänen des Münchner Architekten Carl Lemmes errichtet. Eine Vorgängerkirche bestand seit 1848 am

Die neuromanische Evangelische Christuskirche, erbaut 1897

Regierungsplatz. Landshut hatte für eine altbayerische Stadt schon sehr früh zahlreiche Bewohner protestantischen Glaubens, da hier ab 1839 die Regierung von Niederbayern ihren Sitz hatte und viele Beamte aus dem protestantisch geprägten Franken kamen.

Zurück zum Ländtor geht es nach rechts in die Ländgasse; dort sieht man einen Bogengang, der zwei Häuser verbindet. Das linke ist das
Harnisch-Haus, auch Vitztumb-Haus (Ländgasse 51). Im Mit- 11
telalter diente es den reichen Landshuter Herzögen als Stadtwohnung. Hier starb am 18. Januar 1479 Herzog Ludwig der Reiche. Später war es die Unterkunft des Vitztumbs (aus latein. Vicedomus). Dieser agierte als Stellvertreter des bayerischen Herzogs und somit als Richter, Steuereinnehmer und Kontrolleur der herzoglichen Beamten und Bediensteten in einem fest umgrenzten Bezirk. Der Begriff Harnisch lässt darauf schließen, dass dort Waffen und Rüstungen gelagert wurden.

Das Harnisch- oder Vitztumb-Haus in der Ländgasse

Das Etzdorf-Palais wurde im Jahr 1745 mit dieser beeindruckenden Rokokofassade versehen.

Bevor man wieder in die Altstadt abbiegt, steht rechts das
12 **Etzdorf-Palais**, das von den Freiherren Etzdorf um das Jahr 1745 erbaut wurde (Ländgasse 50). Die reiche Rokokostuckfassade stammt wahrscheinlich von Johann Baptist Zimmermann. Im Zwerchgiebel ist das Wappen des Bauherrn Franz Freiherr von Etzdorf († 1772) und seiner Frau Maria Theresia, geborene Gräfin von Lamberg († 1776), angebracht.

Durch die Harnischgasse gelangt man wieder in die Altstadt und steht direkt vor dem Hauptportal eines der bedeutendsten Sakralbauten Süddeutschlands: der Martinskirche.

13 Stiftsbasilika St. Martin

Ein Blick den Turm hinauf lässt dessen gigantische Höhe deutlich werden. Eine Turmbesteigung ist leider nicht möglich, daher an dieser Stelle einige interessante Details: Kirchtürme hatten immer auch eine weltliche Funktion als Wachturm. In etwa 80 Metern Höhe befindet sich die Türmerstube, von wo aus städtische Bedienstete die Stadt beobachteten und nach Rauchfahnen Ausschau hielten, die auf Brände hinwiesen, oder sie wurden auf Heranreitende aufmerksam, die der Stadt feindlich gesonnen waren. Außerdem waren sie die ersten, die bemerkten, wenn die Isar aus ihrem Flussbett heraustrat und so Hochwasser zu befürchten war.

Der Turm von St. Martin

Schematischer Plan des Turms von St. Martin

Der Martinsturm

495 Stufen führen hinauf auf den ersten Kranz. Der Turm war der letzte Bauabschnitt der Kirche (um 1500 vollendet). Seine überschlanke Gestalt weist Reisenden bereits in einiger Entfernung den Weg zur herzoglichen Residenzstadt. Er gilt mit 130 Metern als der höchsten Rohbacksteinbau der Welt. Sein Fundament ruht auf einem stützenden Rost von über 5.000 Tannenpfählen. Auf einem Quadratmeter Bodenfläche liegt eine Last von 199 Tonnen; der Turm soll ein Gewicht von 19.000 Tonnen haben.
Die Turmuhr – ihr Minutenzeiger misst 4,80 Meter, ihr Stundenzeiger 3,50 Meter – befindet sich über der Eingangshalle. Etwas unterhalb ist eine Mondphasenuhr befestigt.
Die Glockenstube beherbergt acht Glocken, von denen sechs elektrisch geläutet werden: die Propstglocke (1767; 137 Zent-

ner), die Dechantglocke (1766; 94 Zentner), die Pfarrglocke (1767; 51,5 Zentner), die Rosenkranzglocke (1723; 30 Zentner), die Baierin (1488; 15 Zentner) und die Sperrglocke (1370; 11 Zentner). Sie meldete den Landshuterinnen und Landshutern das Öffnen und Schließen der Stadttore. Die Speiseglocke (1626; 5 Zentner) und die Vesper- oder Schwedenglocke (1519; 4 Zentner) hingen früher in den Schalllöchern.

Schon an der Vorgängerkirche gab es einen Turm mit Doppelnutzung, denn um 1204 war an der Stelle der heutigen spätgotischen dreischiffigen Hallenkirche bereits ein Gotteshaus errichtet worden. Die früheste Bauinschrift der heutigen Kirche stammt aus dem Jahr 1392. Das Turmkreuz als Zeichen der endgültigen Fertigstellung dürfte erst um 1500 aufgesetzt worden sein.

Als bedeutende Baumeister gelten Meister Hans der Krumenauer, Meister Hans von Burghausen, dessen Grabmal an der Südseite der Kirche angebracht ist, und Hans Stethaimer. Aufgrund ihrer Ausmaße gehört die Kirche zu den kühnsten Bauleistungen der Gotik. Die Gesamtlänge des Innenraums beträgt 92 m, die Breite einschließlich Kapellen 28,6 m und die Höhe des Mittelschiffs 28,8 m.

An der Südseite des Turms liegt die Taufkapelle, an seiner Nordseite die Altdorferkapelle, eine Stiftung des Chiemseer Bischofs Georg Altdorfer.

Hauptportal von St. Martin, durch das schon das Brautpaar im Jahr 1475 schritt

Die Seitenkapellen wurden vielfach von bedeutenden Landshuter Bürgersfamilien gestiftet. An das nördliche Seitenschiff schließt sich die Magdalenen- oder Aschkapelle an, ihr gegenüber, an der Südseite des Chores, befindet sich die Sakristei.

Das um die Mitte des 15. Jahrhunderts entstandene, aufwendig gestaltete Hauptportal illustriert in seinem Tympanon die heilsgeschichtliche Bedeutung des Kreuzestodes Christi. Auch die vier Seitenportale besitzen reichen figürlichen Schmuck. Der Hochaltar und die Kanzel, Kunstwerke von hohem Rang, stammen aus der Erbauungszeit, der Altar erhielt Ergänzungen im 19. Jahrhundert.

Leinberger Madonna

Die majestätische Madonnenfigur an der Stirnseite des rechten Seitenschiffes zählt zu den Hauptwerken des Landshuter Bildschnitzer Hans Leinberger (1470/80–1531). Um 1518 wurde sie als Rosenkranzmadonna für die Landshuter Dominikanerkirche geschaffen, wo sie bis ins 18. Jahrhundert nachweisbar ist. Sie war von einer Strahlengloriole und einem ovalen Rosenkranz mit fünf geschnitzten Rundmedaillons umgeben.

Kastulus-Fenster von Max Lacher in St. Martin aus dem Jahr 1947

Das Chorbogenkreuz trägt die Jahreszahl 1495 und ist eine Stiftung der Familie von Schönbrunn, wie das Wappen am Kreuzstamm zeigt. Der 5,8 m große Körper Jesu ist aus Lindenholz geschnitzt (die Armbreite beträgt 5,4 m). Das beeindruckende Chorgestühl aus Eichenholz mit 130 Figuren und Bilddarstellungen stammt aus der Zeit um 1500.

An der Rückwand der Kirche ist neben anderen das Grabmal des Kanzlers und Humanisten Dr. Martin Mair († 1481), Berater Herzog Ludwigs des Reichen, angebracht.

Das Martyrium des hl. Kastulus mit Hitler, Himmler und Göring als Folterknechte

Zu Beginn des 17. Jahrhunderts wurde die heutige Orgelempore eingezogen. Aus derselben Zeit stammt der Mittelteil des Orgelgehäuses, dessen Seitenteile 1914 angefügt wurden. Die Kirche hat heute zwei Orgeln: die Hauptorgel auf der Westempore mit 75 Registern auf vier Manualen und Pedal sowie die Chororgel mit sieben Registern auf einem Manual und Pedal.

Die Kastuluskapelle, im linken Seitenschiff der Stiftsbasilika die zweite Kapelle, weist ein besonderes Bildprogramm auf: Die in den letzten Tagen des Zweiten Weltkriegs zerstörten Glasfenster sollten bald darauf ersetzt werden. Stiftspropst Graf von Preysing gab bei dem Münchner Maler Max Lacher die Neuen in Auftrag. Auf dem „Kastulus-Fenster" wird in der Mitte der Heilige als vornehmer Adeliger mit der Palme des Märtyrers dargestellt. Das erste Fenster links zeigt ihn beim Predigen. Darunter wird er verhaftet, weil er eine Christin in Schutz genommen hat. Im zweiten Feld wird Kastulus von Kaiser Diokletian verurteilt und von zwei Schergen festgehalten. Im zweiten Fenster von rechts wird oben Kastulus von einem Henkersknecht mit den Gesichtszügen Adolf Hitlers gefoltert und unten von zwei weiteren Folterknechten, die die Gesichter von Hermann Göring und Joseph Goebbels tragen, auf den Kopf gestellt. Im letzten Feld beobachtet der Kaiser von einem Balkon mit der Reichskriegsflagge, wie Kastulus lebendig begraben wird.

Im Jahr 1596 erfolgte auf Anordnung Herzog Wilhelms V. die Verlegung des Kollegiatstifts St. Kastulus von Moosburg

Herzog Albrecht V. an der Fassade des Landschaftshauses

nach Landshut, um von der Residenzstadt aus besser die Gegenreformation voranzutreiben. Die Martinskirche wurde zur Stiftskirche. Das Stift wurde 1803 im Rahmen der Säkularisation aufgehoben, aber 1937 wiedererrichtet.

Der zu jeder Kirche gehörige Friedhof befand sich rund um das Kirchenschiff. Mehrere Epitaphe und Grabsteine, die nach seiner Auflösung 1805 an der Außenmauer von St. Martin angebracht wurden, erinnern daran.

Zurück in der Altstadt fällt einem sofort die vollständig bemalte Fassade des **Landschaftshauses**, auch „Alte Post" genannt, ins Auge (Altstadt 28). Im Landschafts- oder Landständehaus tagten die niederbayerischen Landstände, die Vertreter des Adels, der Geistlichkeit und der Bürger. Das Gebäude nimmt den Platz von drei ehemaligen Bürgerhäusern ein. Im Jahr 1599 hat Hans Georg Knauf die Fassade nach einem Entwurf von Hans Pachmayr bemalt. Die Fürstenfiguren zwischen den Fenstern zeigen die wichtigsten Persönlichkeiten des Hauses Wittelsbach sowie die Symbole der vier Weltreiche. Vor diesem Hintergrund wird die bayerische Dynastie von Otto I. bis zum seinerzeitigen Herzog, dem späteren Kurfürsten Maximilian, ausgebreitet. Als die Landstände zu Beginn des 19. Jahrhunderts aufgelöst wurden, fand das Gebäude eine neue Verwendung als Postamt. Am 8. Oktober 1868 wurde der Maler Max Slevogt in diesem Haus geboren. 14

Das mittelalterliche Landschaftshaus, auch genannt „Alte Post“, wurde 1599 mit der Fassade, die alle wittelsbachischen Regenten bis 1599 zeigt, verziert und dient heute als Wohn- und Geschäftshaus.

Die Fürstenfiguren an der Fassade des Landschaftshauses

An der Fassade sind dargestellt (von links oben bis rechts unten):

oberste Reihe: Herzog Otto I.; Herzog Ludwig I. der Kelheimer; Herzog Ludwig II. der Strenge; Kaiser Ludwig IV. der Bayer; Herzog Ludwig V., Kurfürst von Brandenburg; Herzog Stephan II. mit der Hafte; Herzog Albrecht I. von Bayern-Straubing; Herzog Wilhelm I. von Bayern-Straubing; Herzog Ludwig VI. der Römer, Kurfürst von Brandenburg; Herzog Otto V. der Faule, Kurfürst von Brandenburg

mittlere Reihe: Herzog Stephan II. der Kneißl; Herzog Friedrich von Bayern-Landshut; Herzog Johann II. von Bayern-München; Herzog Wilhelm II. von Bayern-Straubing; Herzog Ludwig VII. der Gebartete von Bayern-Ingolstadt; Herzog Heinrich XVI. der Reiche; Herzog Ernst I. von Bayern-München; Herzog Albrecht III. von Bayern-München; Herzog Ludwig IX. der Reiche; Herzog Georg der Reiche

unterste Reihe: Herzog Albrecht IV. der Weise; Herzog Christoph; Herzog Wilhelm IV.; Herzog Ludwig X.; Herzog Ernst, Admin von Passau; Herzog Albrecht V.; Herzog Ernst, Erzbischof von Köln; Herzog Wilhelm V.; Herzog Ferdinand; Kurfürst Maximilian I.

Die historische Kulisse der Altstadt lädt zum Flanieren ein

Weiter führt nun der Weg zum **Dreifaltigkeitsplatz**. Nach kurzer Wegstrecke zweigt rechter Hand die Ländgasse von der Altstadt ab und linker Hand befindet sich das einzige Haus ohne Bögen. An dieser Stelle stand bis etwa 1340 das sogenannte Innere Münchner Tor oder auch Judentor und trennte den Stadtbereich vom Burgbereich ab. In den beiden Bezirken galten unterschiedliche Rechtsordnungen. Im Laufe der Zeit wurde das innere Tor als zunehmend störend und hinderlich empfunden. Schließlich wurde es abgetragen. Die unterschiedlichen Rechtsordnungen bleiben aber bestehen. 15

Landshuts schmale Häuser

Lässt man den Blick über die Nordseite des Dreifaltigkeitsplatzes wandern, so fällt das Haus Nummer 14 sofort ins Auge. Im Gegensatz zu den anderen Häusern ist es extrem schmal. In der Anfangszeit der Stadt hatten alle Häuser eine ähnlich geringe Breite und wiesen in der Regel nur zwei Fensterachsen auf. Im Erdgeschoss gab es neben einem Einfahrtstor noch ein Fenster und darüber war schon der Dachstuhl gesetzt. Für den Fall, dass der Eigentümer mehr Wohnraum benötigte, wurde der Dachstuhl abgetragen und ein weiteres Stockwerk aufgesetzt. Das Holz für das Dach wurde wiederverwendet. Es kam auch vor, dass ein Nachbarhaus miteinbezogen wurde. So gibt es Beispiele in der Neustadt, dass die Häuser niedrig, aber breit wurden. Andere wurden im Laufe der Zeit aufgestockt und im 17. Jahrhundert zu Patrizierhäusern. Markant als kleines, schmales Haus ist auch die Neustadt 501.

Der Dreifaltigkeitsplatz war in dieser Zeit komplett überbaut, und der Zugang in die Stadt erfolgte auf der heute noch erhaltenen tieferliegenden einspurigen Straße auf der Nordseite. In diesem Viertel wohnten Handwerker und Bedienstete des herzogliche Hofes. Dort hatten sich auch die Juden bald nach der Stadtgründung angesiedelt, höchstwahrscheinlich um zur Finanzierung des Stadtbaus beizutragen. Im Jahr 1409 wurden auf Geheiß Herzog Heinrichs des Reichen zahlreiche Häuser abgetragen und der große Platz geschaffen, der sich heute hier öffnet. Es war dasselbe Jahr, als man die Fleisch- und Brotbänke verlegte und die Altstadt erstmals gepflastert wurde.

Das jüdische Landshut

Die Zahl der Juden betrug um die Mitte des 14. Jahrhunderts etwa 21 Familien und man schätzt deren Zahl auf rund 120 Personen. In ihrem Viertel verfügten sie über eine Synagoge, ein Bad (Mikwe) und eine Schule. Im Stadtarchiv Landshut hat sich in einem Band mit Satzungen und Ordnungen ein „Judeneid“ erhalten. In diesem ist die Eidformel festgehalten, die Juden vor Gericht zu schwören hatten. 1450 ließ Ludwig der Reiche die Juden gefangen nehmen und stellte sie vor die Wahl, sich entweder taufen zu lassen oder aus Landshut wegzuziehen. Hintergrund war zum einen die strikte Politik aller Wittelsbacher, keine Juden mehr in ihren Herzogtümern siedeln zu lassen, zum anderen war dieses Vorgehen in Landshut eine Gefälligkeit dem Adel und den Bürgern gegenüber, die bei den Juden so hoch verschuldet waren, dass ihre Existenz auf dem Spiel stand. Zu seinem Amtsantritt hat Herzog Ludwig somit diesem Personenkreis ein besonderes Privileg gewährt. Die Bürger mussten zumindest noch die ge-

borgte Summe zurückzahlen, aber keinen Zins, während dem Adel alles erlassen wurde. Nachdem die Juden vertrieben waren, wurde die Synagoge um einen Chor und einen Turm erweitert, konsekriert und erhielt den Namen Dreifaltigkeits- bzw. Salvatorkirche. Daher rührt der heutige Name des Platzes. Seit 2019 erinnert ein Gedenkstein mit einer Glastafel samt Inschrift an die Synagoge.
Erst nach der Judenemanzipation siedelten sich zwischen 1863 und 1867 wieder Juden in Landshut an. Im Jahr 1933 gab es 48 jüdische Bürger in der Stadt, von denen 26 die rechtzeitige Flucht ins Ausland gelang. An die Opfer der nationalsozialistischen Judenverfolgung erinnern seit 2012 Stolpersteine vor verschiedenen Gebäuden in der Stadt.

Entsprechend allgemein üblicher Umbenennungen während des Dritten Reichs wurde der Dreifaltigkeitsplatz zeitweise zum Adolf-Hitler-Platz. Ein durch seine Größe und Lage sehr markantes Gebäude am Platz ist der sog. **Herzogskasten** (Dreifaltigkeitsplatz 177). Von 1468 bis 1470 errichtet, wurden hier „Naturalabgaben" gelagert – Steuern, die die herzoglichen Untertanen aus der Landshuter Gegend zu 16

In den Herzogskasten am Dreifaltigkeitsplatz mussten die Naturalabgaben für die Herzöge gebracht werden. Gleichzeitig diente er der Versorgung des herzoglichen Hofes auf der Trausnitz.

entrichten hatten. Zusammen mit vier weiteren „Kästen“ aus dem Umland diente er einzig und allein der Versorgung der herzoglichen Hofhaltung auf der Burg Trausnitz. Die Fassade wurde im Jahr 1857 durch den Landshuter Baumeister Leonhard Schmidtner in neugotischem Stil umgestaltet, und in der zweiten Hälfte des 20. Jahrhunderts erhielt das Gebäude schließlich sein heutiges Aussehen.

Denkmal Herzog Ludwigs des Reichen

Errichtet wurde dieses Monument im Jahr 1858 im Auftrag König Ludwigs I. von Bayern, der auch persönlich den Standort am Dreifaltigkeitsplatz bestimmte. Den Entwurf für das Denkmal fertigte der Münchner Bildhauer Friedrich Brugger, die Ausführung lag in den Händen des Erzgießereiinspektors Ferdinand von Miller d. Ä.

Denkmal Ludwigs des Reichen, gestiftet von König Ludwig I., gefertigt von Ferdinand von Miller und 1858 aufgestellt

→ *Von hier aus bietet sich ein Abstecher zur Trausnitz an (siehe Spaziergang D!)*

Vom Dreifaltigkeitsplatz kehrt man zurück zur Martinskir-
17 che und geht links oder rechts an ihr vorbei in die **Kirchgasse**.
Seit der Verlegung des Kastulusstifts im Jahr 1596 nach Lands-
hut lebten hier zahlreiche Geistliche. Am Ende der Kirchgasse
18 öffnet sich mit der **Neustadt** der zweite große Straßenmarkt
Landshuts, der sich schon ab 1250 parallel zur Altstadt entwickelt hat. Dieser Straßenzug war nie in der Mitte überbaut und diente über die Jahrhunderte hinweg als Marktplatz für

Die Neustadt, vom Kriegerdenkmal aus

Vieh und Getreide. Nur Schweine wurden – angeblich aufgrund von Geruchsbelästigung – hier nicht gehandelt, sondern deutlich vom Stadtzentrum entfernt auf der heutigen Mühleninsel. Heute wird jeden Freitag in der unteren Neustadt der Wochenmarkt abgehalten und führt diese Tradition weiter.

Auch hier dominierten zunächst kleinteilige Häuser, die sich im Laufe der Jahrhunderte zu Palais auswuchsen. Als der Adel ab dem 17. Jahrhundert in die Stadt zog, konnte er in der Altstadt nicht Fuß fassen, da hier die Bürger ihre Wohn- und Geschäftshäuser hatten. Folglich blieben ihm nur die Neustadt oder – weniger geschätzt – die Gassen.

Landshuts zahlreiche Palais

In der Neustadt und auch in einigen Gassen gibt es zahlreiche ehemalige Adelspalais, die Ende des 16. Jahrhunderts und im 17. Jahrhundert prächtig ausgestattet wurden, z. B. die Häuser Neustadt 505, der **Schwablwirt**, oder Neustadt 514, das **Palais Königsfelder**.

Der Adel, der vor allem im 17. Jahrhundert vom Land in die Stadt zog, hätte liebend gerne in der Prachtstraße, der Altstadt, gewohnt, aber dieser exponierte Platz war längst belegt, weshalb die Adeligen gezwungen waren, in die Neustadt oder in die Gassen auszuweichen. Dies erklärt die vereinzelten Prachtbauten in diesen Straßen.

Neustadt 520: Das ehemalige Palais Pfetten beherbergt heute ein Hotel

19 Die Neustadt wird an beiden Enden von zwei großen Gebäudekomplexen bestimmt. Zum einen vom **Jesuitenkloster** mit der **Jesuitenkirche St. Ignatius**, zum anderen vom Ursulinenkloster am anderen Ende des Straßenzugs. 1628 beschloss Kurfürst Maximilian I. die Gründung eines Jesuitenklosters in Landshut und ließ durch Johann Holl von 1631 bis 1641 die Jesuitenkirche St. Ignatius an der Stelle des herzoglichen Münzamtes erbauen. Frater Johann Holl war dann auch der erste, der 1648 in der Gruft bestattet wurde.

Vorbild für diese Kirche war die Jesuitenkirche St. Michael in München. Ganz wie diese ist auch die Landshuter Jesuitenkirche ein einschiffiger Bau. An den Seiten des Langhauses befinden sich Kapellen, über die sich Oratorien hinziehen. Die Seitenkapellen stammen überwiegend aus dem 17. Jahrhundert und sind mit auffallend kostbaren Altären ausgestattet. Im 18. Jahrhundert wurden Szenen aus dem Leben des Ignatius von Loyola angebracht, eines der führenden Mitbegründer und Gestalter der „Gesellschaft Jesu“, später als Jesuitenorden bezeichnet. Im Stil und in der Ausstattung der Jesuitenkirche zeigt sich der Übergang von der Renaissance zu einem imposanten Frühbarock. Die Konventgebäude, die sich im rechten Winkel an die Kirche anschließen und in die hier noch Spiegelgasse genannte Neustadt überleiten, entstanden 1665 bis 1691 nach Plänen der Vorarlberger Baumeister Michael Beer und Michael Thumb.

Die Jesuiten kümmerten sich in Landshut vor allem um die gymnasiale Ausbildung. 1773 wurde der Orden wie im gesamten Reich aufgehoben. Die Klostergebäude wurden zunächst dem Malteserorden übergeben. Während der Landshuter Universitätszeit (1800–1826) war hier das Priesterseminar Georgianum, eine Stiftung Herzog Georgs des Reichen, untergebracht. Von 1828 bis 1919 dienten die Konventgebäude als Kaserne verschiedener Infanterie-Regimenter, und seither werden sie als Ämtergebäude genutzt – aktuell befindet sich dort die Polizeiinspektion Landshut.

Markant ragt mitten in der Neustadt das **Kriegerdenkmal** empor; die Steinskulptur „Deutsche Eiche“ wurde zum ehrenden Gedenken der Gefallenen des Ersten Weltkriegs errichtet. Gut 150 Bild- 20

Das Kriegerdenkmal in der Neustadt

Das Ursulinenkloster aus der Vogelperspektive

hauer und Architekten über Bayern hinaus hatten an dem Ausschreibungswettbewerb teilgenommen, den der Oberammergauer Bildschnitzer und Direktor der dortigen staatlichen Fachschule für Bildschnitzerei Wilhelm Lechner gewann. Am 24. Juni 1928 wurde sein aus Marmor gefertigtes Kriegerdenkmal enthüllt. Aus einem mächtigen Sockel, der an einen Sarkophag erinnert, mit Inschriften erhebt sich eine „Deutsche Eiche“ empor, ein – vom Krieg – verstümmelter Eichenstamm mit ersten Ansätzen „frischer Triebe“: Seitlich entwachsen ihm die Gestalten einer trauernden Mutter, eines gefesselten Mitkämpfers und eines jungen Schildhalters der Stadt. Oben endet der Stamm mit einer Darstellung des hl. Sebastian, eines der Landshuter Stadtheiligen.

Am anderen Ende der Neustadt, Richtung Isar, erstreckt
21 sich das **Ursulinenkloster** (Neustadt 536). Kurfürst Ferdinand Maria hatte im Jahr 1668 zehn Ursulinen nach Landshut berufen und kaufte schließlich vier Häuser in der unteren Neustadt, die zu einem Kloster samt Schule und Kirche umgebaut wurden. Am 25. Oktober 1671 legte der Kurfürst den Grundstein zu den genannten Gebäuden. Kloster und Schulhaus – eine Barockanlage um zwei geschlossene Innenhöfe –

konnten 1679 bezogen werden. Zum Bischof-Sailer-Platz hin wurde der Bau 1684 vollendet. Am 9. November 1809 erreichte die Säkularisation den Komplex: Er wurde als das letzte der Landshuter Klöster aufgehoben. Doch bereits 1826 erweckte König Ludwig I. das Ursulinenkloster als Schulkloster zu neuem Leben.

Die Ursulinenklosterkirche St. Joseph wurde ab 1670 nach Plänen des Hofschreiners Augustin Kienle von den Maurermeistern Wolfgang Hirschstetter und Georg Steinacher erbaut und 1679 geweiht. Über dem reich verzierten und gegliederten Portal mit einem gesprengten Giebel steht in der Nische die Figur des hl. Joseph. Die Klosterkirche besitzt einen halbrunden Altarraum, der von einer Halbkuppel überwölbt ist. Das Langhaus mit drei Jochen trägt ein Tonnengewölbe mit Stichkappen. Im Mittelpunkt des Tabernakels steht seit 1699 das Gnadenbild der sogenannten Mutter mit dem geneigten Haupt, das als Andachtsbild weiteste Verbreitung fand und zu einer bedeutenden Wallfahrt geführt hat.

Die **Herrngasse** gegenüber der Kirche St. Joseph führt in 22
die Altstadt und zum Ausgangspunkt dieser Runde, dem Rathaus, zurück.

B ÜBER DIE GROSSE UND KLEINE ISAR NACH SELIGENTHAL

Heilig-Geist-Spital – Kloster Seligenthal

Nicht alle bedeutenden Gebäude liegen im historischen Zentrum Landshuts. Zum Kloster Seligenthal gelangt man nur mit einem „Abstecher“ über die Vorstadt „Zwischenbrücken“, die ebenso bedeutend für das Werden Landshuts ist.

Dauer: ca. 60 Minuten

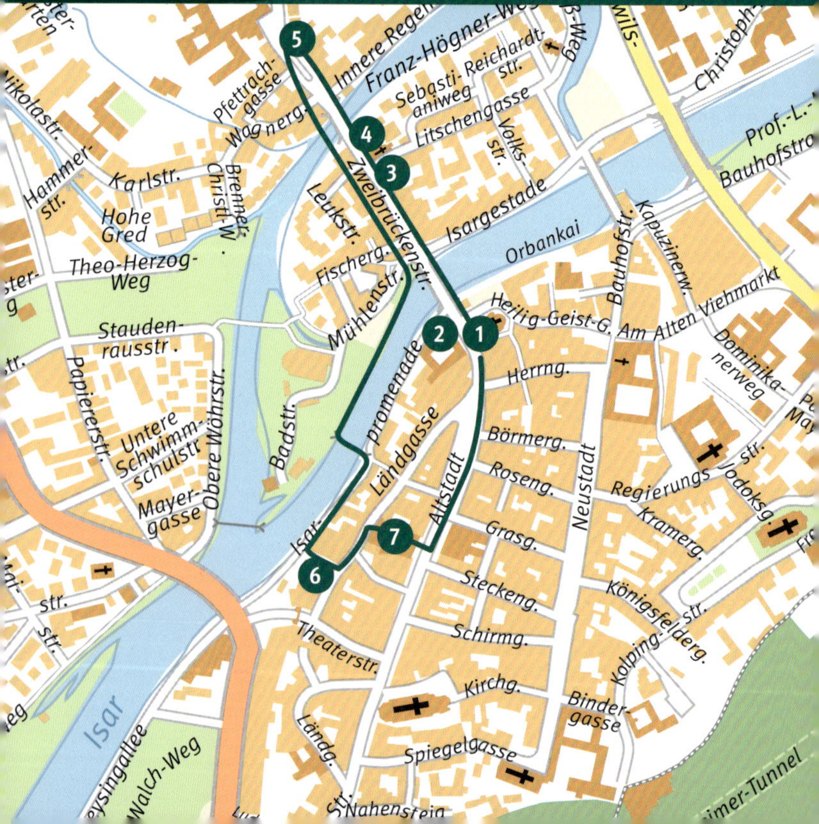

Blick auf das Kloster Seligenthal von oben: links der Klostergarten, mittig die Abteikirche und direkt darüber die Afrakapelle

Am nördlichen Ende der Altstadt zur Isar hin erhebt sich die **Heilig-Geist-Kirche**. Errichtet wurde dieses für eine Spitalkirche ungewöhnlich große und reich ausgestattete Gotteshaus in den Jahren 1407 bis 1461 anstelle einer romanischen Vorgängerkirche. Baumeister ist der uns schon von St. Martin bekannte Hans von Burghausen. Nach dessen Tod 1432 vollendete sein Enkel, Hans Stethaimer, den Bau. Bemerkenswert ist das Westportal – unter einer auffälligen Vorhalle mit Pultdach – mit seinem reichen Figurenprogramm zum Weltgericht. Im 17. und 18. Jahrhundert erhielt die Kirche eine barocke Ausstattung. Ende des 19. Jahrhunderts wurde sie im neugotischen Stil umgestaltet. Nur wenige Stücke dieser Ausstattung haben sich erhalten, darunter der um 1795 von Christian Jorhan d. Ä. geschaffene Apostelzyklus. Die moderne Altarausstattung stammt vom Landshuter Künstler Professor Fritz Koenig. Heute wird die Kirche für wechselnden museale Ausstellungen genutzt. 1

Große Isar mit Heilig-Geist-Spital und Heilig-Geist-Kirche

2 Auf der dem Eingangsportal gegenüberliegenden Straßenseite steht das **Heilig-Geist-Spital** (Altstadt 97), das erstmals 1232 urkundlich erwähnt wird. Von 1722 bis 1728 wurde anstelle eines gotischen Spitalgebäudes ein barocker Geviertbau errichtet, der heute als Seniorenwohnheim dient.

Übrigens! *Außergewöhnlich ist die* ***Lage der Gebäude*** *Spital und Kirche. In zahlreichen Städten liegen sie – ebenso wie in Landshut – an einem (ursprünglichen) Rand des Ortes. Im Mittelalter ist das Areal des Heilig-Geist-Spitals sogar durch zwei Stadttore, das Spitaler Tor und das Innere Isartor, eingerahmt. Die Gründe sind nicht offenkundig. Zum einen bot das Spital Reisenden Schutz, auch zu Zeiten, wenn die Stadttore bereits geschlossen waren, und zum anderen hatte das Heilig-Geist-Spital das Privileg, Brückenzoll von den Durchreisenden zu erheben, musste aber im Gegenzug für den Erhalt der Heilig-Geist-Brücke sorgen. Möglicherweise liegt hier der Schlüssel zur Antwort …*

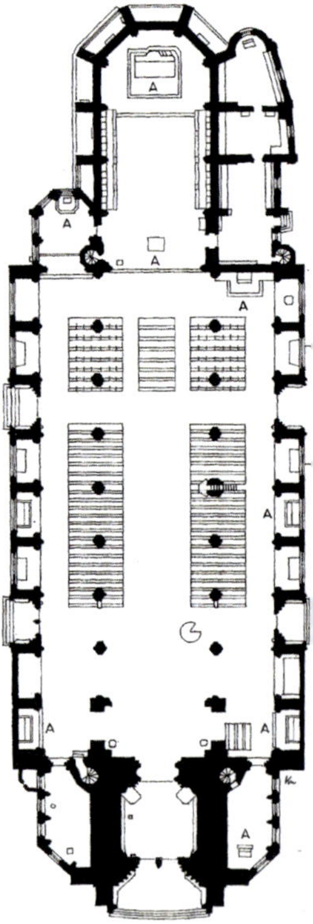

Grundriss der Heilig-Geist-Kirche

Überquert man die Brücke über die Isar, so erreicht man das Stadtviertel **Zwischenbrücken**. Ein Teil wird heute als Mühleninsel bezeichnet und verweist auf die zahlreichen Mühlen, die sich ursprünglich dort befunden haben. Im Mittelalter bestimmten Getreide-, Hammer- und Schleifmühlen das Bild. Durch die beiden Flussarme konnte die Wasserkraft optimal genutzt werden. Das getreidereiche Umland sorgte für ausreichend Beschäftigung. Die letzte große Mühle, die Vereinigten Kunstmühlen (Rosenmehl), wurde 1975 aus dem Stadtgebiet in die Nachbargemeinde Ergolding ausgelagert. Nach ihrem Wegzug und dem Abriss der meisten Gebäude wurde eine Grünanlage mit einer hohen Aufenthaltsqualität im Herzen der Stadt geschaffen. 3

St. Sebastiani auf Zwischenbrücken, in den Jahren 1661/62 neu erbaut

Geht man auf der Zweibrückenstraße weiter stadtauswärts, erblickt man vor der Kleinen Isar rechter Hand die **Sebastianikirche** mit ihrem kleinen, pittoresken Glockenturm auf der Fassade. Die ältesten Nachrichten über eine Sebastianikapelle stammen aus der Mitte des 15. Jahrhunderts. Um 1661/62 wurde diese durch den heutigen Bau ersetzt. Die barocken Stuckaturen stammen aus der Spätzeit des 17. Jahrhunderts. Neben der Kirche wurde gegen Ende des 15. Jahrhunderts das achte und letzte Stadttor, das Äußere Isartor, errichtet. 1853 wurde es abgerissen. 4

Überquert man nun die äußere Isarbrücke, steht man – kirchenrechtlich – auf dem Gebiet des Bistums Regensburg, und der Blick richtet sich auf das **Zisterzienserinnenkloster Seligenthal**, das im Jahr 1232 von Ludmilla, der Witwe des Städtegründers Ludwig des Kelheimers, nach dessen Ermordung gegründet wurde. Den ältesten Teil der Anlage bildet die im Rahmen von Führungen zugängliche Afrakapelle aus der romanischen Zeit. Sie gilt als älteste Kirche der Stadt Landshut. An den Wänden der Balustrade stellen kleine geschnitzte Figuren Mitglieder des Hauses Wittelsbach dar. 5

Der Innenhof des Klosters Seligenthal

Das Stifterpaar des Klosters Seligenthal, Herzogin Ludmilla und Herzog Ludwig der Kelheimer, in der Afrakapelle

Die große Abteikirche hat ihren Ursprung in einem spätromanischen Bau, der 1259 die Weihe erhielt. Die Rokoko-Ausstattung erfolgte zwischen 1732 und 1734 nach Plänen des Münchner Hofmaurermeisters Johann Baptist Gunezrainer durch den Landshuter Hofmaurermeister Johann Georg Hirschstetter. Johann Baptist Zimmermann führte die Stuckarbeiten aus. Die einzelnen Klostergebäude wurden im Laufe der Jahrhunderte immer wieder umgebaut und den Gegebenheiten angepasst.

1803 wurde Seligenthal säkularisiert. Die Schwestern durften allerdings in ihrem Kloster bleiben. Dort erlebten einige von ihnen die Wiedererrichtung 1835 durch König

Ludwig I., der ihnen den Auftrag zur Erziehung von Mädchen erteilte. Heute unterhält das Kloster einen Kindergarten, eine Grund- und eine Wirtschaftsschule, ein Gymnasium und eine Fachschule für Sozialpädagogik.

➔ *Hier bietet sich ein Abstecher nach St. Nikola an (siehe Spaziergang E!)*

Da man auf dem Weg zurück in die Altstadt die Isar wieder zweimal überqueren muss, empfiehlt sich derselbe Weg, doch kann man unmittelbar vor dem großen Isararm auf dem Ausläufer der Mühleninsel auch nach rechts, flussaufwärts bis zum Ländsteg gehen. Von dieser schmalen Fußgänger- und Radfahrerbrücke aus bietet sich ein reizvoller Blick in beide Richtungen: Flussabwärts überspannt die Heilig-Geist-Brücke die Isar, an die sich nach rechts das Heilig-Geist-Spital anschließt, das von dem nur ansatzweise ausgeführten Turm der Heilig-Geist-Kirche kaum überragt wird. Flussaufwärts erblickt man den hoch aufragenden Martinsturm und die dahinterliegende Burg Trausnitz, den Bernlochner-Komplex und die sich anschließende Luitpoldbrücke. Es empfiehlt sich, nach dem Steg rechts abzubiegen, und die Isarpromenade führt dann vorbei an den rückwärtigen Gebäuden der Stadtresidenz mit dem herzoglichen Badhaus.

Wenige Schritte weiter erhebt sich der **Röcklturm**. 6 Dieser war als Wehrturm Bestandteil der mittelalterlichen Stadtmauer. Erstmals nachweisbar ist er im Jahr 1493. Da er über Jahrhunderte von Fischerfamilien bewohnt wurde, trug er vormals den Namen Fischerturm. Seinen heutigen Namen verdankt der Turm dem Ratsherrn Röckl, der zur Zeit der Bürgerverschwörung gegen Herzog Heinrich den Reichen im

Der Röcklturm, ein Teil der ehemaligen Stadtmauer

Jahr 1410 der Besitzer des Gebäudes gewesen sein soll. Röckl soll dabei eine entscheidende Rolle gespielt haben, was die frühere Geschichtsschreibung veranlasste, die Verschwörung irrtümlich im Röcklturm stattfinden zu lassen. Von 1988 bis 1990 ließ die Stadt den Turm von Grund auf sanieren. Seither wird er als Café und als Ausstellungsraum genutzt.

Die Bürgerverschwörung gegen Herzog Heinrich im Jahr 1410

Zu Beginn des 15. Jahrhunderts rebellierten einige Landshuter Bürger gegen Herzog Heinrich den Reichen: Im Jahr 1408 ging es um den politischen Einfluss der besser gestellten Bürgersfamilien, den diese durch die zunehmende Bevorzugung des Adels durch den Herzog bedroht sahen. Zwei Jahre später begehrten vor allem große Teile der Handwerkerschaft auf. Neuere Forschungen sehen einen Zusammenhang mit den großen Bauvorhaben, die in Landshut durchgeführt wurden – es erfolgte die Pflasterung der Altstadt, der heutige Dreifaltigkeitsplatz wurde durch den Abriss zahlreicher Häuser umgestaltet, und gleiches galt für den mittleren Teil der Altstadt. Ferner wurden die Kirchen St. Martin und Heilig-Geist neu erbaut. Nach dem Brand der Kirche St. Jodok musste auch dort investiert werden. Die Steuerlast für die Landshuter war entsprechend hoch, weshalb es zu diesem Bürgeraufstand kam. Herzog Heinrich ließ beide Aufstände äußerst blutig niederschlagen. Angesehene Bürger wurden hingerichtet, geblendet oder des Landes verwiesen. Es dauerte Jahre, bis sich das Verhältnis zwischen Bürgerschaft und Herzog wieder normalisierte.

Man kann nun weiter gehen, um wieder zum Ländtor zu gelangen, oder man biegt vor dem Turm ab und erreicht die Ländgasse, in der man rechter Hand die Rückfassade der
7 **Stadtresidenz** mit dem mächtigen Eingangsportal sieht, über dem das Wappen Herzog Ludwigs X. eingelassen ist. Diese leider so versteckt liegende Fassade mit ihrer geradezu typisch frührenaissancehaft prachtvoll gestalteten und voneinander abgehobenen Geschossgliederung könnte direkt

Das Wappen Herzogs Ludwig X. an der Ländfassade der Stadtresidenz

aus Italien stammen. Durch das Tor gelangt man in einen ebenfalls italienisch anmutenden Renaissance-Innenhof.

Geht man weiter, so durchschreitet man den sog. Deutschen Bau der Stadtresidenz, betritt wieder die Altstadt und steht vor dem Ausgangspunkt dieses Rundwegs, dem Rathaus.

C VOM „GEFREITEN“ MARKT ZUM EHEMALIGEN UNIVERSITÄTSGEBÄUDE

Freyung – Dominikanerkloster

Die Freyung und das Dominikanerkloster lagen immer schon ruhig vor der Stadt. Dieser Sparziergang führt nun in diesen bedächtigen Teil des mittelalterlichen Landshuts und bringt die dort liegenden eindrucksvollen Gebäude dem Betrachter näher.

Dauer: ca. 60 Minuten

Blick auf eine Häuserzeile in der Neustadt auf Höhe der Regierungsstraße

Durch die Bindergasse beim Jesuitenkloster erreicht man den **„Prantlgarten“**, Restgebäude des Alten Franziskanerklosters. Ab dem Jahr 1280 errichteten die Mönche vor den Toren der Stadt eine großzügige Klosteranlage – eine Stiftung Herzog Heinrichs des Älteren –, von der nur mehr zwei Mauerpfeiler des Kirchenportals und der äußere Kreuzgang erhalten sind. Es ist außergewöhnlich, dass das Kloster zwei Kreuzgänge, einen inneren und einen äußeren, aufwies. Die frühgotische Klosterkirche wurde im Zuge der Säkularisation 1808 abgerissen. Im 19. Jahrhundert betrieb der Realitätenbesitzer Clemens Prantl dort eine Brauerei und eine Bierwirtschaft mit großem Garten. Seither trägt dieses Areal den Namen „Prantlgarten“. Die Museen der Stadt Landshut haben dort ihr Domizil. 1

Ebenfalls in der Straße Am Prantlgarten, am Fuße des Hofbergs, verborgen hinter der zum Teil erneuerten und restaurierten Stadtmauer, befindet sich zudem das **KOENIGmuseum**. 2 Landshut ist eine Stadt mit großer Bildhauertradition. Der zeitliche Bogen spannt sich von Hans Leinberger und seinem

Nachempfundene Stadtmauer mit Eingang zum KOENIGmuseum

Werk an der Schwelle vom Mittelalter zur Neuzeit über Christian Jorhan d. Ä. bis hin zu Professor Fritz Koenig, der zu den angesehensten Bildhauern der Moderne in Europa zählt.

Fritz Koenig

Fritz Koenig (1924–2017) fertigte unter anderem das „Mahnmal der Bundesrepublik Deutschland" für die KZ-Gedenkstätte im österreichischen Mauthausen. Zudem gestaltete er das Denkmal „Klagebalken" für die Opfer des Olympiaattentats von 1972 im Olympiapark. Er nahm am ersten Wettbewerb um das „Denkmal für die ermordeten Juden Europas" in Berlin teil und zog sich im weiteren Verlauf dann zurück. Seine bekannteste Skulptur ist die „Große Kugelka-

KOENIGmuseum mit der Skulptur „Großes Bouquet III", 1967/94

Blick vom Schanzl im Hofgarten auf die Stadt

ryatide N. Y." oder „The Sphere". Diese weltgrößte Bronzeskulptur der Neuzeit stand von 1971 bis zu den Terroranschlägen am 11. September 2001 auf der Plaza des World Trade Centers in New York. Nach den Anschlägen konnte sie beschädigt, aber nicht zerstört aus den Trümmern geborgen werden. Seit 2017 steht die nahezu unrestaurierte Skulptur im Liberty Park und ist zum bedeutendsten symbolischen Mahnmal des 9/11-Gedenkens geworden.

Die Stadt Landshut hat von Fritz Koenig in Form einer Stiftung sein künstlerisches Lebenswerk und seine hochrangigen Kunstsammlungen erhalten. Im Gegenzug errichtete sie nach den Vorstellungen des Bildhauers einen ungewöhnlichen, weil größtenteils „unsichtbaren" Museumsbau, dessen sichtbarer Teil einzig und allein aus dem Abschnitt der alten Stadtmauer besteht. Das fast 2.000 Quadratmeter große Museum selbst hinter der historischen Stadtmauer erstreckt sich in den bewaldeten Hofberg hinein.

Im Inneren bestimmt der Kontrast aus technoider Härte des Betons und der Ziegelmauer den Raumeindruck. Ein mäandernder Grundriss erschließt dem Besucher Raum für Raum. In wechselnden Ausstellungen werden das künstlerische Lebenswerk und die hochrangigen Kunstsammlungen Koenigs präsentiert.

Von hier aus kann man auf schattigen Wegen durch den Hofgarten zu den Tiergehegen oder zur Burg Trausnitz aufsteigen. Eine gute Beschilderung weist den Weg. Speziell zur Burg führt der Hinweis „Schanzl“. Von dort aus hat man einen herrlichen Blick auf die Stadt, St. Martin und das sich weitöffnende Isartal.

→ *Siehe Spaziergang D*

3 Weiter geht der Spaziergang zur **Freyung**, die im Jahr 1338 als dritte große Stadterweiterung von Herzog Heinrich XIV. angelegt wurde. Die Bürger, die dort siedelten, mussten Neubürger sein und wurden auf zehn Jahre von der Steuer befreit – daher rührt der Name. Ganz umsonst war diese Ansiedelung für sie freilich nicht, denn sie mussten die Stadtmauer um die neue Stadterweiterung errichten und das dortige Sumpfgebiet – manch einer spricht heute noch von der „Froschau“ – auf eigene Kosten trockenlegen.

Blick auf die Obere Freyung vom Dach eines Wohnhauses

Östlich davon befanden sich bis ins 19. Jahrhundert die städtischen Fischweiher, die aus dem mittelalterlichen Stadtgraben entstanden waren. 1339, in seinem Todesjahr, gründete Herzog Heinrich für die Freyung einen Jahrmarkt um Bartholomä (24. August), der das neue Stadtviertel wirtschaftlich fördern sollte. Die heutige Bartlmädult, die mittlerweile eine Vergnügungs- und Verkaufsdult ist, hat ihren Ursprung in diesem Jahrmarkt. Der Marktcharakter der Freyung lebt heute im Haferlmarkt fort, der jedes Jahr dort abgehalten wird.

In der Mitte des weiten Platzes erhebt sich **St. Jodok**. Die dreischiffige frühgotische Backsteinkirche mit dem 77 m hohen Turm ist nach St. Martin die zweitgrößte Kirche der Stadt. Als älteste Zeugen des ersten Kirchenbaues (ab 1338) können wir heute noch die Krypta (Veitskapelle unter dem Chor), den Altarraum, das Mittelschiff und die zwei unteren Turmgeschosse betrachten. Krypta und Rundbogenfriese an der West-, Süd- und Nordseite der Kirche stellen in einer gotischen Kirche eine Seltenheit dar und erinnern an Zeiten des romanischen Baustils, dessen Blüte- und Spätzeit bei Baubeginn bereits der Vergangenheit angehörte. Wie Untersuchungen zeigen, schuf auch hier ein Rost von Baumstämmen (ähnlich wie bei der Heilig-Geist-Kirche und bei St. Martin) einen tragfähigen Untergrund. Der erste Bau fiel 1403 einem Brand zum Opfer. Den Wiederaufbau nahm Meister Hans von Burghausen († 1432) in die Hand. Die Arbeiten an der Ausstattung besorgten Künstler der Stilepochen Spätgotik, Renaissance, Barock, Rokoko und des Klassizismus. Die heutige Ausstattung ist im Wesentlichen neugotisch.

St. Jodok mit Seniorenheim St. Jodokstift 4

Das Ambiente der Freyung mit wenigen Geschäften vermittelt einen ruhigen Eindruck im Vergleich zu Altstadt und Neustadt. Der Platz strahlt mehr Wohncharakter aus und die Platzgestaltung rund um die Kirche tut ein Übriges dazu. Die kleineren Häuser haben ihren Ursprung größtenteils bereits im Mittelalter. Die höheren Häuser auf der Südseite stammen aus dem 19. Jahrhundert, das dominierende ehemalige
Kolpinghaus (Freyung 619–620) wurde 1925 erbaut. In der 5
unteren Freyung bestimmt das St.-Jodokstift, heute ein Seniorenheim, das Ensemble. 1895 wurde es vom Kustos Josef Filsermayr gegründet als ein Heim, „Asyl“ genannt, für „alte und schwächelnde Personen“, deren finanzielle Mittel sehr beschränkt sind. Zudem wurde noch ein „Invalidenheim“ angegliedert.

In der Verlängerung der Freyung hin zur Ludwigstraße befanden sich im Mittelalter die Häuser des Scharfrichters, des Abdeckers und auch das städtische „Frauenhaus“, für das der Scharfrichter verantwortlich war. Diese „asozialen“ Berufe befanden sich in mittelalterlichen Städten immer am Rande oder außerhalb des Stadtbezirks.

Von Totengräbern, Henkern und „Frauenmeistern“

Eines der Häuser in der Verlängerung der Freyung hin zur Ludwigstraße war bis zum 17. Jahrhundert das städtische „Frauenhaus“, also das Freudenhaus, in dem zu Beginn der Totengräber wohnte und dann der Henker, auch Züchtiger genannt, da er nicht nur Todesstrafen vollstreckte, sondern auch für Prangerstrafen und fürs Auspeitschen verantwortlich war. Beide Strafen waren nicht ehrenrührig und zogen nicht den Verlust des Aufenthalts- oder Bürgerrechtes nach sich – Verstümmelungsstrafen oder Landesweise aber sehr wohl.

Um der Kriminalität Einhalt zu gebieten, war das Freudenhaus im Mittelalter unter städtische Oberaufsicht gestellt. Allerdings erwiesen sich die Scharfrichter und auch deren Ehefrauen als nicht besonders zuverlässig, so dass der Magistrat das Amt des „Frauenmeisters“ schuf, der sicherlich noch eine weitere Funktion hatte. Anfang des 17. Jahrhunderts verschwindet das Frauenhaus aus den Steuerbüchern, da Herzog Wilhelm V. gegen diese Institutionen eingestellt und darauf bedacht war, die Jugend zu schützen. Im Haus Freyung 594 wohnte bis Ende des 18. Jahrhundert der Scharfrichter der Stadt Landshut.

Ein Abstecher Richtung Osten zum Marienplatz führt zum
6 dortigen **Franziskaner-Kloster Maria-Loreto**. Es ist das ehemalige Kapuzinerinnenkloster, das ab 1835 mit der Wiederbegründung der Klöster im Königreich Bayern durch König Ludwig I. zum Franziskanerkloster Maria-Loreto wurde und bis 2002 bestand. Im Jahr 1627 hatten Bischof und Kurfürst der Freifrau Elisabeth Thumer von Bruckberg gestattet, ihren Besitz in ein Kloster der Kapuzinerinnen umzuwandeln.

Das Franziskaner-Kloster Maria-Loreto

Die dort bereits bestehende Kapelle war der Marienkapelle zu Loreto bei Ancona nachempfunden. Daher rührt der Name des „neuen" Klosters. 1802 wurde es aufgelöst. Da die alte Kirche der Franziskaner (→ Prantlgarten) in Landshut bereits abgebrochen war, übernahmen die Franziskaner das noch intakte Gebäude der Kapuzinerinnen. Die Loretokapelle war 1671 schon vergrößert worden. 1840 sah sich der Orden gezwungen, eine neue Kirche an die Kapelle anzubauen. Ausgeführt wurde sie im neuromanischen Stil. Im März 1945, bei dem schwersten Luftangriff auf Landshut, wurde die Kirche völlig zerstört und in den Nachkriegsjahren wiederaufgebaut. Heute nutzt die rumänische-orthodoxe Gemeinde das Gotteshaus.

Bombenhagel über Landshut

Während des Zweiten Weltkriegs wurde Landshut erst ab Dezember 1944 Ziel der Angriffe der alliierten Bomber. Die Stadt hatte keine kriegswichtige Industrie vorzuweisen, aber gegen Ende des Krieges geriet sie als einer der wenigen verbliebenen Eisenbahnverkehrsknotenpunkte doch noch ins Visier der Strategen. Im März und April 1945 erfolgten vier schwere Angriffe, die vor allem dem Hauptbahnhof galten und im dortigen Umfeld für zahlreiche Opfer sorgten. Das Bahnhofsareal wurde schwer verwüstet, es waren hunderte Todesopfer zu beklagen. Im übrigen Teil der Stadt kam es zu einigen Bombentreffern, die auch Opfer forderte, aber Kriegsschäden waren kaum zu verzeichnen. Letztendlich wurde Landshut am 1. Mai 1945 von Truppen der US-Army besetzt.

Durch die Jodoksgasse gelangt man zum **Dominikanerkloster** und zum **Regierungsplatz**. Herzog Heinrich d. Ä. gründete im Jahr 1271 dieses Kloster und schenkte dem Konvent den Grund, der damals noch außerhalb der Stadt lag. Doch schon bald wurde dieses Areal in den Stadtbereich 7 8

Blick in den Innenraum der Dominikanerkirche

einbezogen. Das gotische Klostergebäude wurde 1699 abgebrochen und der heutige Bau errichtet. Der Innenraum der frühgotischen Dominikanerkirche erhielt seine bayerische Rokokogestaltung durch den Münchner Hofkünstler Johann Baptist Zimmermann in den Jahren 1747 bis 1749.

„Der Schweinskopf"

„Ist ehdem Brauch gewesen in unserem Land, das jeder sein' Hut zog, wenn Christi Leib durch die Gassen zu einem Kranken getragen wurde. Als die Dominikanerkirche erbaut wurde, saß einmal ein Maurer auf dem Gerüst und machte seine Brotzeit. Da ging unten ein Priester mit der Hostie vorüber. Der Maurer sah hinab, und während die anderen auf dem Gerüste schwiegen und die Kappen zogen, hob er den Bierkrug und tat einen langen Zug. Da stürzte er unversehens hintüber von den Brettern und fiel sich zu Tode.
Zum Gedenken daran steht hoch auf einem der vorderen Außenpfeiler ein großer Bierkrug, und darüber schaut aus der Mauer ein steinerner Schweinskopf heraus."
(Der Schweinskopf befindet sich am rechten Seitenschiff oben am Sims und ist von der Maximilianstraße aus gut zu erkennen.)

Aus Hanns Haller, Das Turmkränzlein

Im Zuge der Säkularisation wurde auch dieses Kloster 1802 aufgehoben, und die Universität, die kurz davor von Ingolstadt nach Landshut verlegt worden war, zog in den Komplex ein. Die heutige klassizistische Fassade stammt aus dieser Zeit. Nach dem Wegzug der Universität im Jahr 1826 stand der Komplex in großen Teilen leer, bis 1839 die Regierung von Niederbayern dort einzog.

Ludwig-Maximilians-Universität

Im Jahr 1472 gründete Herzog Ludwig der Reiche – von Landshut aus – die erste Bayerische Landesuniversität, die Hohe Schule in Ingolstadt. Es ist auf den ersten Blick erstaunlich, dass der Landesherr seine Universität nicht in seiner Residenzstadt ansiedelte, aber Ludwig wollte damit die ehemalige Residenzstadt des Herzogtums Bayern-Ingolstadt mehr in sein Herzogtum integrieren. Über die Jahrhunderte war es schon die Politik der Landshuter Herzöge, Funktionen auf mehrere Städte zu verteilen, wie dies früher bereits mit Landshut und Burghausen geschehen war. Dadurch machte sich das Herrscherhaus überall präsent, und die großen Städte und deren Bürger fühlten sich wertgeschätzt.

Um die Universität dem Einfluss der Ingolstädter Jesuiten zu entziehen, erfolgte 1799/1800 die Verlegung nach Landshut in die Räumlichkeiten des ebenfalls säkularisierten Dominikanerklosters. Mit der „Romantik“ in Landshut und mit Professoren wie Michael Sailer, Anselm Feuerbach und Friedrich Carl von Savigny erlebte die Universität eine bedeutende Epoche. Umgekehrt wurde das kulturelle Leben in der Stadt bereichert, auch wenn die rund 1.000 „Akademiker“, wie die Studenten damals genannt wurden, für zahlreiche Probleme sorgten. Häufig geschah dies in handfesten Auseinandersetzungen mit den Soldaten des in der Stadt stationierte Jäger-Regiments. In der Landshuter Zeit der Universität wurden die Studentenverbindungen Bavaria, Isaria, Palatia und Suevia gegründet, die bis heute in München bestehen.

Im Jahr 1826 verlegte König Ludwig I., der 1803 selbst ein Semester in Landshut studiert hatte, die Universität in die Hauptstadt München, da der Ruf der Universität immer mehr an Bedeutung im Reich eingebüßt hatte. Der Name Ludwig-Maximilians-Universität, der ihr am 27. Mai 1802 mit der „Namensurkunde“ verliehen worden war, geht auf den Gründer Herzog Ludwig den Reichen von Bayern-Landshut sowie den seinerzeit amtierenden König Max I. Joseph zurück.

Über Regierungsstraße, Kramergasse und Kolpingstraße kommt man zurück zum Prantlgarten, dem Ausgangspunkt dieses Spaziergangs.

D DEN BERG HINAUF ZUR BURG

Dreifaltigkeitsplatz – Burg Trausnitz – Hofgarten – Herzogsgarten

Dieser Spaziergang ist der Trausnitz gewidmet, deren Areal sich bis in die heutige Stadt herunter erstreckt. Wir haben den Weg über das „Ochsenklavier“ gewählt, der zwar durchaus anspruchsvoll zum Gehen (und Steigen) ist – und daher auch nicht barrierefrei –, aber auf dem der Dreifaltigkeitsplatz und die Burg eindrucksvoll wahrgenommen werden können. Im Anschluss strahlen Hofgarten und Herzogsgarten als Parkanlage eine entspannende Ruhe raus.

Dauer: ca. 75 Minuten

Die Burg Trausnitz von Nordwesten

Die Burg Trausnitz kann man auf verschiedenen Wegen erreichen: von der Altstadt aus mit der Stadtbuslinie 7/7A (Haltestelle Kalcherstraße) oder mit dem Auto (Zufahrt bis zum Hofgartenparkplatz). Darüber hinaus kann man den Burgberg auch zu Fuß bewältigen. Ein sehr schöner, aber anspruchsvoller und nicht barrierefreier Weg führt vom **Dreifaltigkeitsplatz** aus über die Alte Bergstraße und das „Ochsenklavier“ 1

Innenhof der Burg Trausnitz

hinauf. Eine andere, aber auch stetig ansteigende und zum Teil mit kleineren Treppen versehene Route schlängelt sich vom Prantlgarten durch den Hofgarten hinauf.

Entscheidet man sich für erstere Variante, geht es zunächst die Alte Bergstraße recht steil aufwärts. Dabei sieht man aus einiger Entfernung das Burghauser Tor, das zweite noch erhaltene Stadttor. Namensgebend war die Straße nach Burghausen, der zweiten Residenzstadt der niederbayerischen Wittelsbacher. Jenseits des Tores wohnten die Bediensteten und Handwerker der Burg. Auf der bergabwärts rechten Seite des Tores ist eine Einhemmstelle durch eine Wandtafel angezeigt. Hier hatten die Fuhrwerke Keile unterzulegen, damit sie das Gefälle der Alten Bergstraße hinunter zum Dreifaltigkeitsplatz gefahrlos meistern konnten.

Noch weit bevor man das Tor erreicht, zweigt linker Hand das
2 **„Ochsenklavier“** ab, das als auffälliges rotes Backsteinband den Hang hinaufführt. Dieses Wegstück sollte man gemächlich angehen, um nicht aus der Puste zu kommen. Nach einer scharfen Biegung schließen sich ebenfalls aus Ziegelstein bestehende Stufen an, die nun im 90-Grad-Winkel zur Burg emporsteigen. Auf dieser
3 häufig auch als **„Krüppelweg“** bezeichneten direkten Verbindung erreicht man mit gemächlichen Schritten nach etwa zehn Minuten die Burg (siehe unten).

Das „Ochsenklavier“ – der direkte Weg hinauf zur Burg

Übrigens! ***Ochsenklavier*** *ist eine gängige Bezeichnung für einen steilen, mit Ziegelsteinen gepflasterte Weg, der mit erhöhten Trittquerungen ebenfalls aus Ziegel versehen ist, um ein Abrutschen zu verhindern. Wege oder Furten durch Gewässer mit Tritthilfen werden häufig ebenfalls als „Ochsenklavier“ bezeichnet.*

4 Dieser Weg führt an einer der noch erhaltenen und restaurierten **Burgfriedenssäulen** vorbei.

Burgfriedenssäulen

Zur Stadt gehörten außer dem Innenstadtgebiet, das von der mittelalterlichen Stadtmauer umschlossen wurde, auch Gebiete, die sich rings um die alte Stadt erstreckten und unter städtischer Rechtshoheit standen. Beide Gebietsteile zusammen umfassten den sogenannten Burgfrieden, der schon 1340 urkundlich erwähnt wurde und in dem auch die Rechtshoheit von Landshut galt. Zur genauen Festlegung des Verlaufs der Grenze bediente man sich meist natürlicher Grenzen. 1508 werden „steinerne Marchsäulen" erwähnt, die auf der einen Seite das bayerische Herzogswappen und auf der anderen Seite das Wappen der Stadt Landshut tragen. Im Stadtgebiet haben sich zahlreiche Säulen und Steine erhalten, die heute eine Anregung für eine Wanderung bieten. Eine Broschüre, im Amt für Marketing und Tourismus erhältlich, lädt dazu ein.

Burgfriedensäule am Isarweg (Mitterwöhr) Nähe der Konrad-Adenauer-Brücke an der Isar

Innerer Torbau der Trausnitz

5

Die Anlage der **Burg Trausnitz** betritt man durch den Äußeren Torbau und den Zwingerweg. Biegt man schließlich um die Ecke, gelangt man durch das Gerichtsdienerhaus auf den äußeren Burghof.

Linker Hand erhebt sich der **Wittelsbacher Turm**, der vermutlich älteste Teil, auch Burgfried genannt. Ebenfalls linker

Die Burg im Modell von Jakob Sandtner aus dem Jahr 1570

Hand öffnet sich der Blick nach Westen über das Isartal. Man sieht das Ottonianum, den Annaberg und den Klausenberg, und bei guter Sicht kann man den Dom in Freising erkennen. Als modernes Gebäude dominiert das städtische Eisstadion, Spielstätte des Traditionsclubs EVL, den Ausblick.

Auf dem Weg zum Inneren Torturm sieht man rechts das **Kellereigebäude**. Unter diesem befindet sich der große Weinkeller, der nur im Rahmen einer Führung zugänglich ist (zu buchen über die Burgverwaltung Landshut, www.burg-trausnitz.de). Im Hofstallgebäude ist die Bayerische Verwaltung der staatlichen Schlösser, Gärten und Seen in Landshut untergebracht.

Die ältesten Teile der Burg gehen auf die Zeit um 1204 zurück. Johannes Turmair, genannt Aventin, der große bayerische Geschichtsschreiber, berichtet, dass auf dem Berg ein hölzerner Wachturm stand, dessen Besatzung den Handelsweg im Isartal schützen musste. Romanische Reste sind in den Rundtürmen des Torbaus sowie in den Fundamenten des Wittelsbacher Turms, dem Bergfried, zu finden.

Der Name „Trausnitz“

Bis 1551 wird die Burg stets als „Landshut“ bezeichnet, wie schon Abt Hermann schreibt: „... beginnt Burg und Stadt in Landshut zu bauen“. „Burg Trausnitz“ wird erstmals in diesem Jahr erwähnt, und bis heute rätselt man um die exakte Bedeutung. Steckt vielleicht „trau ihr nicht“ in dem Wort, was bedeuten würde, dass die Trausnitz lange Zeit als uneinnehmbar galt? Erst die modernen Waffen, wie Kanonen, machten die Erstürmung im Dreißigjährigen Krieg möglich.

Bis 1503 residierte auf der Burg nahezu ununterbrochen ein Herzog, folglich wurde ständig gebaut und ausgebessert. Vor allem unter den Reichen Herzögen (1393–1503), als die Landesherren von dort ein großes und bedeutendes Herzogtum regierten, erreichte sie enorme Ausmaße, die am Sandtner-Modell ablesbar sind.

Bedeutende Umbauphasen erlebte die Burg, als Herzog Wilhelm V. und seine Frau Renata von Lothringen ab 1568 ihre ersten Ehejahre hier verbrachten. Sie ließen die zweigeschossigen Laubengänge am Fürsten- und Dürnitzbau errichten. Ab diesem Zeitpunkt verlor die Sonnenuhr an der Dürnitz ihre Funktion, da der Balkon vorgebaut worden ist. Aus dieser Zeit stammt ferner der italienische Anbau mit der Narrentreppe, die mit Szenen der Commedia dell’arte ausgeschmückt ist. Wilhelm V. und seine Frau waren begeistert vom Stegreif-Possenspiel fahrender italienischer Schauspielgruppen. Deshalb ließen sie von dem Maler Friedrich Sustris Vorlagen für Stegreifszenen fertigen, und Alessandro Scalzi gestaltete die lebensgroßen Bilder mit den wichtigsten Protagonisten, wie Pantalone, Betrüger wie Betrogener, seinem Diener Zane, um keinen Streich verlegen, und die Kupplerin Cortigiana. Wie in dieser Zeit üblich, ließen sich die Auftraggeber Wilhelm und Renata in diesem Wandgemälde mit verewigen. Pantalone führt das Paar in das Reich der Narren ein. Diese Szene findet sich am unteren Ende der Narrentreppe und stellt ihren Anfang dar.

Bei dem kunstsinnigen Erbprinzenpaar war der Musiker Orlando di Lasso ein häufiger und gern gesehener Gast auf der Burg und schuf hier bedeutende Musikstücke. Im übrigen

Die Narrentreppe mit Szenen aus der Commedia dell'arte im Fürstenbau der Trausnitz. Auftraggeber waren Kronprinz Wilhelm (später Herzog Wilhelm V.) und seine Frau Renata von Lothringen.

heiratete Orlando di Lasso eine Landshuterin: Regina Wäckinger, die Tochter eines hiesigen Hofkanzlisten. Wie viele Kinder die beiden hatten, ist nicht überliefert; belegt sind jedenfalls drei Töchter sowie fünf Söhne, die allesamt Musiker wurden.

Die hohen finanziellen Aufwendungen des Erbprinzenpaares Wilhelm V. und Renata, vor allem für die Kunst und die Muse, führten 1575 schließlich zum Ruin. Entgegen seinen Ausschweifungen in den Jugendjahren war Wilhelm als bayerischer Herzog dann nicht mehr verschwenderisch. Mit ihm endete die Zeit der Burg als Sitz der bayerischen Herzöge. 1634 wurde ein Großteil der Burganlage bei der Erstürmung durch die Schweden zerstört, daher auch die Namen Schwedenwiese und Schwedentor. 1762 richtete man auf der Burg eine Wollmanufaktur ein, die neun Jahre später wieder geschlossen wurde.

Ab 1753 legte die kurfürstliche Hofkammer in München ein Depot für Ämterrechnungen auf der Trausnitz an, das ab 1809 in die bayerische Archivverwaltung einbezogen wurde. Dies war der Ursprung des Staatsarchivs Landshut, das sich bis 2016 auf der Trausnitz befand.

Burghof der Trausnitz

1870 ließ sich König Ludwig II. einige Zimmer, ein „Absteigequartier", im Fürstenbau einrichten, die er allerdings nie bewohnt hat. Am 21. Oktober 1961 zerstörte ein Großbrand diese Räume sowie die Renaissancezimmer Wilhelms V. und den Fürstenbau unwiederbringlich.

Sehenswert im Inneren ist die spätromanische Georgskapelle mit der Verkündigungsgruppe und der Kreuzigungsgruppe, beides bedeutende romanische Kunstwerke. Die Figuren in der Empore zeigen Gottvater, die Aposteln und Heiligen stel-

Blick durch das äußere Torwarthaus

len Weltgericht und Jüngsten Tag dar. Der frühgotische Dürnitzsaal mit seinem mächtigen Gewölbe und der Rittersaal über der Burgkapelle sind ebenfalls einen Besuch wert.

Vom Söller wie von der Terrasse der Burgschänke aus hat man einen weiten Blick über das Isartal. Wenn man dort steht, lassen sich die strategischen Gründe nachvollziehen, warum an exakt dieser Stelle der wehrhafte Bau der Trausnitz zum Schutz des Landes und als Regierungssitz der Herzöge errichtet wurde.

Es stellt übrigens ein Unikat dar, dass die Herzöge von Bayern-Landshut gleich zwei große Burgen unterhielten: Landshut mit der Burg Trausnitz war der Regierungssitz, hier lebten der Herzog und der Kronprinz, hier gingen die Gesandten ein und aus. Burghausen hingegen war der Familiensitz, dort lebten die Herzogin mit den übrigen Kindern und führte dort einen entsprechenden Hofstaat. In den Verliesen der Burg lagerte auch das Vermögen, der „Schatz", der Reichen Herzöge. Burghausen kann somit nicht als „Gefängnis für die Herzogin" bezeichnet werden, wie dies oft im Zusammenhang mit Hedwig geschieht.

Kunst- und Wunderkammer

Die „Kunst- und Wunderkammer Burg Trausnitz" erinnert an die große Tradition der bayerischen Kunstkammern, die sich die Wittelsbacher Herzöge einrichteten. Herzog Albrecht V. hatte 1565 in München eine der bedeutendsten Kunstkammern Europas gegründet, die mit über 6.000 verschiedenen Gegenständen den Sammlungen der Habsburger auf Schloss Ambras oder denen der sächsischen Kurfürsten in Dresden ebenbürtig war.

Herzog Wilhelm folgte dem Beispiel seines Vaters, als er als Kronprinz auf der Burg Trausnitz eine „Junge Kunstkammer" begründete, in der er Objekte aus den Bereichen Kunst und Wissenschaft sowie kuriose und exotische Kostbarkeiten zusammentrug. Als er 1579 seinem Vater als Herzog nachfolgte und nach München zog, nahm er die Landshuter Sammlungsbestände mit, um sie mit der Kunstkammer seines Vaters zu vereinigen. Teile von ihr bilden heute den Grundstock verschiedener Museen. Zahlreiche Kunstwerke, komplizierte

Das „Grüne Zimmer" in der Kunst- und Wunderkammer

mechanische Objekte und Artefakte aus Natur und Tierreich der gesamten damals bekannten Welt machen die Prachtentfaltung des höfischen Lebens unter Wilhelm V. augenscheinlich. Jedoch besitzt die Kunst- und Wunderkammer – heute ein Zweigmuseum des Bayerischen Nationalmuseums – nur einen kleinen Teil der damaligen Sammlung, mit der der Herzog seine Besucher in Staunen versetzte. Die Gestaltung der vier Ausstellungsräume trägt dazu bei, die heutigen Besucherinnen und Besucher in eine fast mystisch anmutende Atmosphäre zu versetzen.

Beim Dammhirschgehege im Hofgarten

Trotz der Zerstörungen im Dreißigjährigen Krieg und der zahlreichen Umbaumaßnahmen im Laufe der Jahrhunderte lässt die Burg Trausnitz heute noch eindrucksvoll die Wehrhaftigkeit und die Größe erahnen, die sie im Mittelalter hatte.

Wie die Burg Trausnitz, so war auch der **Hofgarten** ein Bestandteil der herzoglichen Hofhaltung. Der Hofgarten, eine der ältesten Gartenanlagen Bayerns, erstreckt sich von der 6

Stadtblick „Belvedere" im Hofgarten mit beeindruckendem Blick über die Stadt

steilen Stadtmauer und dem Burgbereich bis zur Bernlochner Schlucht, wo sich der mit Mauern umgebene Herzogsgarten anschließt. Neben einem herrlichen alten Baumbestand und mehreren Tiergehegen mit Rehen, Ziegen, Nandus und einem Ententeich bieten 6,5 km Spazierwege Erholung. 1835 war der Hofgarten von der Stadt erworben worden – vorher diente er einzig und allein der herzoglichen Hofhaltung. Von 1800 bis 1826 war er nur für die Professoren und die Studenten zugänglich. Aus dieser Zeit stammen auch zahlreiche Pflanzungen exotischer Bäume. In der Nähe der Tiergehege liegt der
7 **Stadtblick „Belvedere"**, von dem man aufgrund des hohen Baumbestandes nur einen eingeschränkten, aber dennoch beeindruckenden Blick auf die Stadt hat.

Auf dem Weg durch den Hofgarten zur Burg empfiehlt es sich, kurz bevor man den Hofgraten durch ein kleines Tor verlässt, um zur Trausnitz zu gelangen, unbedingt zum Aussichtspunkt Schanzl zu gehen, um von dort einen Blick auf Landshut und das weite Umland zu genießen. Dabei kann der Betrachter heute noch erahnen, warum ausgerechnet hier die Trausnitz errichtet wurde: Selbst einem strategischen Laien wird klar, welche Vorteile diese Lage für die Wittelsbacher geboten haben muss.

Das „Sckell-Denkmal" im Herzogsgarten, gestiftet in Würdigung der Brüder Friedrich Ludwig und Matthäus Sckell, die die Anlage als einen der ersten Englischen Gärten in Bayern 1784 angelegt haben

Direkt östlich im Anschluss an den Hofgarten liegt der **Herzogsgarten** samt **Herzogsschlösschen**. Die Bezeichnung geht im Kern auf den von Herzog Wilhelm V. 1578 angelegten Lust- oder Irrgarten zurück. Nachdem der Herzog 1579 nach München übersiedelte, verwaiste sein Lustgarten. 200 Jahre vergingen, bis sich der alte Garten, wiederum nur für knapp zwei Jahrzehnte, erneut fürstlicher Gunst und Pflege erfreuen konnte: Herzog Wilhelm von Birkenfeld-Gelnhausen ließ vom bekannten Gartenbauarchitekten Friedrich Ludwig von Sckell einen klassizistischen Park gestalten. Die Ausführung besorgte dessen Bruder, der spätere königlich-bayerische Hofgärtner Matthäus Sckell. Stattliche alte, seltene Bäume und Sträucher stehen bis heute in diesem mit einer Mauer umfriedeten östlichen Bereich. 8 9

Herzog Wilhelm von Gelnhausen-Birkenfeld ließ sich 1782 das Herzogsschlösschen mit Pavillon und Torbau im sogenannten Herzogsgarten im klassizistischen Baustil als Sommersitz errichten. Die gelungene Ausführung der Gartenanlage würdigte der Herzog im Jahr 1784 mit einem Denkmal für die Gebrüder Sckell.

Auf den gut ausgeschilderten Wegen kommt man zum einen zur Burg, zum anderen führen Wege hinunter in die Stadt. Vom Hofgärtnerhaus im Hofgarten kann man einen Abstecher zur Kirche **Heilig Blut** machen. Über die Orgelmachergasse, 10
die Kalcherstraße und die Pfarrgasse gelangt man nach 10 Minuten zu diesem einzigartigen Kirchenbau. Von dort aus kommt man zu Fuß in ca. 20 Minuten über Rauschergasse, Kalcherstraße, Am Wirtsanger und Am Graben sowie durch die Alte Bergstraße zurück zum Dreifaltigkeitsplatz, dem Ausgangspunkt dieses Spaziergangs.

E SEHENSWERTES AUSSERHALB DER HISTORISCHEN INNENSTADT

St. Nikola – Kloster Seligenthal – Heilig Blut

Nicht zentral, aber zweifelsohne sehenswert: Zwei Kirchen, St. Nikola und Heilig Blut, liegen an keinem der bisher vorgestellten Spaziergänge. Sie laden zu lohnenswerten Abstechern außerhalb der Altstadt ein!

Alt-St. Nikola: Blick in den Innenraum mit Altar

Zwei hochinteressante Kirchen befinden sich an den Außenbereichen der historischen Stadt und liegen somit nicht unmittelbar an den vorgeschlagenen Wegen: St. Nikola und Heilig Blut. Erstere kann man vom Hauptbahnhof aus zu Fuß in fünf Minuten über die Mainburger Brücke erreichen. Zudem bietet sich ein Abstecher zum Kloster Seligenthal an. Die Ziele sind ohne Weiteres mit dem Auto oder dem Fahrrad – die Stadt Landshut vermietet in der Tourist-Info im Rathaus übrigens eBikes! – zu erreichen, doch auch mit den öffentlichen Verkehrsmitteln gelangt man leicht ans Ziel.

St. Nikola 1

Von den ältesten Kirchen Landshuts ist St. Nikola die einzige, die zum Bistum Regensburg gehört. Im Jahr 1157 wurde dessen Diözesangrenze von der Isarhangleite bis an das nördliche Isarufer verlegt. Dies ist der Grund, warum Altdorf und Ergolding jeweils zwei alte Kirchen haben, denn durch diese Gemeinden lief die ursprüngliche Diözesangrenze. Deshalb ist Landshut durch die Isar bis heute in zwei Diözesen, München-Freising und Regensburg, geteilt.

Im Hintergrund Alt-St. Nikolas ist Neu-St. Nikola, erbaut im Jahr 1965, erkennbar

Archäologische Grabungen förderten Mauerreste einer romanischen Vorgängerkirche zutage. Die heutige Kirche St. Nikola stammt aus dem 15. Jahrhundert. Ihre gotischen, barocken und neugotischen Ausstattungen haben sich nicht erhalten. Bedeutend ist die Skulptur „Christus in der Rast“ von Hans Leinberger, die um 1523 entstand. Ursprünglich befand sich die Figur in St. Martin. In der Folge der Säkularisation wurde sie verkauft und kam auf Umwegen nach Seligenthal. Die unerfüllte Hoffnung, dass es sich um eine wundertätige Figur handle, ließ sie wieder in der Versenkung verschwinden. 1848 errichteten die dort ansässigen Schwaiger an der Nikolastraße eine kleine Kapelle, in der die Skulptur „Christus in der Rast“ aufgestellt wurde. Seit 1938 befindet sie sich in St. Nikola und führt dem Betrachter eindringlich tiefstes Leid in großer Verzweiflung vor Augen.

Wegen des großen Einzugsbereichs der Pfarrei herrschte oft Raumnot, und so wurde im Jahr 1966 an den Architekten Hans Döllgast der Auftrag für einen modernen Neubau erteilt. Dieser wurde in glatter Ziegelbauweise errichtet, die trotz ihrer kühlen Andersartigkeit wegen ihrer respektvollen Absetzung die Wirkung der alten Hauptkirche nicht beeinträchtigt.

Nach der Besichtigung bietet es sich an, entweder entlang der viel befahrenen Seligenthaler Straße zum **Kloster Seli-** 2
genthal zu gehen (oder den Stadtbus zu benutzten), oder sich für den alternativen Weg entlang der Nikolastraße zur Papierstraße zu entscheiden. Vor der Meyermühle, der ehemaligen Papiermühle der Stadt, biegt man in die Karlstraße und die Wagnergasse ein und kommt so zum Zielpunkt, dem Kloster Seligenthal.

Heilig Blut

In der Nähe der Burg lädt auch die Kirche **Heilig Blut** zu 3
einer Besichtigung ein. Vom Hofgärtnerhaus im Hofgarten kann man einen Abstecher dorthin machen. Über die Orgelmachergasse, die Kalcherstraße und die Pfarrgasse gelangt man nach 10 Minuten zu diesem einzigartigen Kirchenbau.

Erbaut wurde dieses Gotteshaus wohl in den Jahren 1443 bis 1445 durch Herzog Heinrich den Reichen anstelle einer romanischen Vorgängerkirche. Die Kirche Heilig Blut ist ein einschiffiger spätgotischer Backsteinbau mit eingezogenem Chor und dreischiffiger Westempore. Die beiden ungewöhnlichen Rundtürme sind einzigartig im bayerischen Raum. Die heutige Ausstattung ist im Wesentlichen neugotisch.

Mit ihren beiden Türmen ruft die Kirche von Heilig Blut auf dem Hofberg gerne die Assoziation hervor: „Die sehen doch aus wie Minarette!“ Baugeschichtlich gesehen handelt es sich dabei um „Rundtürme“, die so in Bayern kein zweites Mal vorkommen. Mittelalterliche Kirchen mit derartigen Türmen

Die Pfarrkirche Hl. Blut des Stadtteils Berg

findet man vor allem im angelsächsischen Raum, aber auch in Deutschland wurden einige errichtet.

Warum Heilig Blut diese Eigenart besitzt, kann bis heute niemand sagen. Natürlich gibt es eine Sage dazu ...

Wallfahrt nach Heilig Blut

„Heinrich, der erste unter den reichen Herzogen, war ein Wildauf, und wenn sein Blut kochte, war Gewalt und Schrecken um ihn. Die Landshuter hatten das schon erfahren, als der Herzog noch ein junger Fürst war! Weil sie nicht katzbuckelten, als er ihnen die alten Bürgerrechte wegschnitt wie einen Hundsschweif, ließ er die besten Bürger über die Klinge springen.

Die Welt aber lernte den wilden Niederbayern kennen beim Konzil zu Konstanz. Da traf Heinrich auf seinen Vetter Ludwig von Ingolstadt, und sie kamen wegen einer Schuld von Vaters her in Streit. Einige Tage darauf überfiel Heinrich den Ingolstädter auf der Straße und richtete ihn so übel zu, dass er lange auf den Tod dalag.

Der Kaiser legte dem hitzigen, geliebten Landshuter eine Buße auf und verlangte von ihm eine Wallfahrt in die Kirche ‚Zum Heiligen Blut'.
Nun stand aber diese Kirche in Jerusalem. Doch der Herzog hatte nicht im Sinne, eine so weite Land- und Seereise zu machen.
So ließ er bald darauf mit dem Bau einer Kirche auf einem Hügel hinter seiner Burg Trausnitz beginnen. Als sie fertig war und die zwei Türme so rund und spitz emporragten, als wären sie aus einem fremden Land, nannte er sie ‚Heilig Blut' und ließ sie auf diesen Namen weihen. Nun – da hatte denn Heinrich keine weite Wallfahrt mehr zu machen!"
Aus Hanns Haller, Das Turmkränzlein

Der heutige Kirchenbau stammt zwar tatsächlich aus der Zeit Heinrich des Reichen Anfang des 15. Jahrhunderts, aber warum die außergewöhnlichen Rundtürme gebaut wurden, ist bis heute ein Rätsel.

Jerusalem in Landshut?

Herzog Heinrich der Reiche von Bayern-Landshut wurde nach der Attacke auf seinen Vetter Ludwig den Gebarteten von Bayern auf dem Konzil von Konstanz 1417 vom Kaiser zu einer Wallfahrt zur Kirche vom Heiligen Blut in Jerusalem verpflichtet. Um sich die weite Reise ins Gelobte Land zu ersparen, soll er in der Nähe seiner Burg auf dem Berg eine Kirche gleichen Namens errichtet haben. Mit den orientalisch wirkenden Türmen sollte auf das Heilige Land verwiesen werden. Die Sage hat selbstverständlich einen Haken, denn ein Patrozinium zu Heiligenblut ob Landshut wird schon im Jahr 1310 erwähnt, und der Kaiser erlegte Heinrich eine Wallfahrt zum Heiligen Blut im heutigen Bad Wilsnack in Brandenburg auf.

Über die Pfarrgasse geht es zurück zum Wasserturm mit der Haltestelle der Linie 7 – in beiden Fahrrichtungen erreicht man wieder die Altstadt bzw. Obere Altstadt.

Museen

Bei schlechtem Wetter – aber sicher nicht nur dann – lohnt sich ein Besuch in einem der vielen Museen der Stadt. Aktuelle Ausstellungen und Öffnungszeiten erfahren Sie per Telefon (die Vorwahl Landshuts ist 0871) oder über die jeweilige Website. Näheres über die Museen in städtischer Hand finden Sie unter museen-landsut.de

KOENIGmuseum

Am Prantlgarten 1, Tel. 89021, koenigmuseum.de
Hinter der mittelalterlichen Stadtmauer befindet sich bereits seit 1998 das ehemalige „Skulpturenmuseum im Hofberg“; dieses Künstlermuseum ist dem Landshuter Bildhauer Fritz Koenig (1924–2017) und seinen Sammlungen gewidmet. Das Museum hat zudem eine Außenstelle in der Zisterzienserinnenabtei Seligenthal.

LANDSHUTmuseum und KASiMiRmuseum

Alter Franziskanerplatz 483, Tel. 9223890
landshutmuseum.museen-landshut.de und *kasimirmuseum.de*
Im Alten Franziskanerkloster ist das LANDSHUTmuseum beheimatet; es zeigt stadt- und regionalgeschichtliche Bestände. Am selben Standort befindet sich das erste und einzige Kindermuseum Landshuts, das KASiMiRmuseum. Im Mittelpunkt stehen hier Staunen, Forschen, Erfahren, Experimentieren und Selbermachen!

Heilig-Geist-Kirche

Heilig-Geist-Gasse 394, Tel. 9223890, heiliggeistkirche-landshut.de
Die Spitalkirche Heilig-Geist dient der Realisierung von Wechselausstellungen sakraler und weltlicher Kunst. Sie bietet eine Plattform für Epochendialoge und neue Inszenierungen alter Kunst. Die Kirche ist nicht profaniert, Gottesdienste finden aber nur noch am Pfingstmontag, dem Patrozinium, statt.

Kunst- und Wunderkammer auf der Burg Trausnitz

Burg Trausnitz 168, Tel. 924110, burg-trausnitz.de
Die Kunst- und Wunderkammer geht auf die Sammlung Herzog Wilhelms des Frommen zurück, der hier Kunstvolles, Exotisches und Merkwürdiges zusammentrug, gegliedert nach Artificialia, Naturalia, Exotica und Scientifica. 1579 zog sie mit ihm nach München um, kehrte jedoch in das heutige Zweigmuseum des Bayerischen Nationalmuseums nach Landshut zurück.

Schatzkammer St. Martin

Kirchgasse 232, Tel. 923040, martin-landshut.de
In der ehemaligen Friedhofskapelle befindet sich heute die Schatzkammer. Sie beheimatet neben zwei bedeutenden Stadtansichten unter anderem kostbare liturgische Geräte und Gewänder sowie eine aus der Jesuitenkirche stammende Traubenmonstranz. Auch die Gruft mit Epitaphien ist zugänglich.

Galerien

Landshuts Galerienlandschaft ist abwechslungsreich und aktiv. Aktuelle Ausstellungen finden Sie in der Tagespresse und auf den jeweiligen Websites.

Kunstverein Landshut

Herrngasse 375, Tel. 08741929639, kunstverein-landshut.de
Der Verein hat sich seit über 50 Jahren die Förderung der Bildenden Künste in der Region zur Aufgabe gemacht und veranstaltet deshalb u. a. eigene Ausstellungen sowie solche mit auswärtigen Künstlern.

Neue Galerie im Gotischen Stadel auf der Mühleninsel

Badstaße 3, Tel. 6877046, gla.de
Die Neue Galerie möchte moderne, zeitgenössische und aktuelle Kunst mit abwechslungsreichen Ausstellungen präsentieren

LAProjects

Kirchgasse 239, Tel. 0176 45662416 + Whatsapp, laprojects.de
LAProjects ist ein privater Kunstraum, der internationale bildende Kunst, sowie Fotografie, Architektur und Design präsentiert.

Rathausfoyer

Altstadt 315, kultur@landshut.de
Wechselnde Ausstellungen zu den unterschiedlichsten Themen.

Kleine Rathausgalerie

Altstadt 315, kultur@landshut.de
Wechselnde Ausstellungen zu den unterschiedlichsten Themen.

Große Rathausgalerie im Kellergeschoss

Altstadt 315, kultur@landshut.de
Wechselnde Ausstellungen zu den unterschiedlichsten Themen.

Galerie Q

Kirchgasse 243, galerie-q-landshut.de
Galerie für zeitgenössische Kunst.

Galerie Kunstwerk

Papiererstraße 3, kunstwerk.la
Wechselnde Ausstellungen zeitgenössischer etablierter und aufstrebender Künstlerinnen und Künstler.

Theater, Musik und Film

Siehe landshut.de/ kultur-sport/veranstaltungskalender

Landestheater Niederbayern

Niedermayerstr. 101, Tel. 922 08 33
landestheater-niederbayern.de
Das Landestheater Niederbayern ist ein Zweispartentheater (Musiktheater und Schauspiel) für die Region Niederbayern mit den zusätzlichen Spielorten Passau und Straubing. Es wird getragen von einem Zweckverband.

Kleines Theater – Kammerspiele Landshut

Bauhofstr. 1, Tel. 2761650
kleinestheater-kammerspielelandshut.de
Seit über 25 Jahren bietet diese Spielstätte anspruchsvolles Theater fernab des Mainstreams.

Kinoptikum

Nahensteig 189, Tel. 2761074, kinoptikum.de
Landshuts erstes und inzwischen einziges Programmkino; es befindet sich direkt neben der Kultkneipe „Schwarzer Hahn".

Aussichtspunkte

Einen besonders schönen Blick auf Landshut und die Umgebung haben Sie von folgenden (zum Teil ein Auto erfordernden) Aussichtspunkten aus:

Burgschänke und Burgschanzl

Auf der Burg Trausnitz
Herrlicher Blick über die Altstadt von der Terrasse der Burg aus; 20 Minuten zu Fuß von der Altstadt entfernt, aber auch mit Auto und Bus erreichbar.

Stadtblick im Hofgarten

Hofgarten der Burg Trausnitz
Sehr schöner Blick über die Innenstadt; zu Fuß in 20 Min. vom Parkplatz am Hofgarten erreichbar.

Klausenberg

Klausenbergweg 17
Die Terrasse des italienischen Lokals „Piccolo Mondo" gewährt einen lohnenden Ausblick auf die Stadt und die Isar.

Ludwigswehr

Am Ende der Badstraße gelegen
Blick auf die Wahrzeichen der Stadt – St. Martin und Burg Trausnitz.

Weickmannshöhe

Parkplatz SC Landshut Berg
Vom höchsten Punkt Landshuts aus hat man ein herrliches Alpenpanorama, erläutert auf einer Übersichtstafel.

Essen und Trinken

Die genannten Lokale, Hotels und Geschäfte stellen eine willkürliche Auswahl des Redaktionsteams dar. Für jeden Geschmack findet sich etwas in der facettenreichen Landshuter Gastronomie und in den vielen kleinen Läden. Es lohnt sich, von der Altstadt in die Gassen oder in die Neustadt zu gehen, da hier oft ruhige Plätzchen oder kleine Ladengeschäfte zu finden sind. In Landshut gibt es zahlreiche Eisdielen – alle sind sehr empfehlenswert! Bitte berücksichtigen Sie, dass diese Auswahl (Stand: Frühjahr 2024) nur eine Momentaufnahme sein kann und ein stetiger Wandel stattfindet. Das Amt für Marketing und Tourismus hält Flyer und Broschüren bereit. Gleiches gilt auch für die Hotels und Beherbergungsbetriebe.

Lokale

Restaurant Stegfellner

Altstadt 71, Tel. 28015, stegfellner-landshut.de
Die Küchenchefin verwöhnt ihre Gäste mit ambitionierter bayerisch-österreichischer Küche in wunderschönem Ambiente und mit Blick auf die Landshuter Flaniermeile. Oft wechselnde, saisonal angepasste Speisekarte.

Rauchensteiner

Badstraße 3, Tel. 43045350, rauchensteiner.com
Das aus dem 19. Jahrhundert stammende ehemalige Sägewerk wurde stilvoll renoviert und bietet gehobene bürgerliche bis internationale Küche. Mit Schwemme, Stube und Restaurant und der wohl schönsten Terrasse in Landshut.

Ristorante Torretta

Altstadt 216, Tel. 20945167, caffe-torretta.de
Original italienische Küche mit schöner Terrasse im Innenhof, manchmal mit Live-Musik.

Restaurant-Weinstube Isarklause

Ländgasse 124, Tel. 23100, isarklause.de
Gutbürgerliche Küche für jeden Geschmack. Highlight im Sommer: das vor dem Lokal vertäute Floß auf der Isar – dort kann man die bayerischen Schmankerln unter freiem Himmel und mit toller Aussicht genießen.

Zur Freiheit – Landshuter Suppenküche

Kirchgasse 247, Tel. 43038938
Unmittelbar neben der Martinskirche, aber etwas abseits vom Trubel, bietet das kleine Tageslokal Suppen, Salate und Eintöpfe für den schnellen Appetit.

Gaststätten

Ristorante Vincenzo

Ländtorplatz 2–5, Tel. 464796, vincenzo-landshut.de
Einer der ältesten Italiener in Landshut bietet im Bernlochner-Gebäude in gemütlichem Ambiente zwischen Isargestade und Ländtor traditionelle Pasta-, Fisch- und Fleischgerichte.

Augustiner – Gasthaus zur Schleuse

Isargestade 739, Tel. 97472424, augustiner-zurschleuse.de
Die „Schleuse“, ein altbayerisches Wirtshaus mit Tradition und Biergarten, bietet Brotzeiten und Schmankerl der bayerischen Küche.

Wintergarten – Das Wirtshaus

Dreifaltigkeitsplatz 8, Tel. 97506718, wintergarten-la.de
Am Dreifaltigkeitsplatz in einem Rückgebäude lädt dieses gemütliche bayerische Lokal mit Biergarten zum Genießen und Verweilen ein.

Firmer Bräu

Neustadt 523, Tel. 43092441, firmer-braeu.de
Dieses Wirtshaus ist eines der ältesten der Stadt und wird als solches schon seit 1434 genutzt. Hier finden Sie traditionelle bayerische Gerichte.

Biergärten

Wirtshaus zum Hofreiter

Neustadt 505, Tel. 9538090
Gemütliches bayerisches Wirtshaus mit schönem Biergarten unter alten, mächtigen Kastanienbäumen.

Augustiner an der St. Martinskirche

Kirchgasse 251, Tel. 4305624, landshut-augustiner.de
Typisch bayerische Gerichte; im Biergarten sitzt man im Schatten der Martinskirche.

Cafés

Belstner Café

Altstadt 295, Tel. 22190, cafe-belstner.de
Diesen traditionsreichen Konditoreibetrieb gibt es seit 1886. Das Café beschreibt seine Einrichtung selbst als eine Mischung aus Wiener Caféhausflair und barocker Opulenz. Köstliche Torten!

Café 113

Ländgasse 113, Tel. 97495776, cafe113.de
Ein bisschen versteckt in der Ländgasse liegt dieser Geheimtipp: ein kleines Café mir traumhaften selbstgebackenen Kuchen. Die Terrasse ist im Sommer eine Oase der Ruhe mitten in der Innenstadt.

Hotel-Restaurant-Café Himmel-Landshut

Isargestade 734, Tel. 25874, himmel-landshut.de
In dem traditionellen Lokal werden regionale Küche sowie köstliche Kuchen und Torten angeboten. Außerdem stehen 16 Gästezimmer zur Verfügung.

Konditorei Café Kreuzer

Regierungsstraße 564, Tel. 89306
Gegründet 1892 von Konditormeister und Lebzelter Josef Knoller, ist das Café gegenüber der Regierung von Niederbayern ein beliebter Treffpunkt mit reicher Auswahl an Kuchen und Torten.

Hotels – von gehoben bis erschwinglich

City Hotel Isar-Residenz

Papiererstraße 6, Tel. 430570, isar-residenz.de
Das moderne Hotel liegt direkt im Stadtzentrum an der Isar, nur fünf Gehminuten von der Altstadt entfernt.

B&B Hotel Landshut

An der Überführung 6, Tel. 97484090, hotel-bb.com/de/landshut
Das neu erbaute Hotel liegt auf der Nordseite des Hautbahnhof. Alle Haltestellen der Stadtbusse am Bahnhof sind fußläufig in fünf Minuten erreichbar.

Hotel Amalia

Postplatz 395–397, Tel. 9656770, hotel-amalia.de
Neues charmantes Boutique-Hotel in einem sanierten Haus mit denkmalgeschützter Gründerzeitsubstanz; Freisitz direkt an der Isar!

Hotel Goldene Sonne

Neustadt 520, Tel. 92530, goldenesonne.de
Wunderschönes Gebäude in Innenstadtlage, Anfang des 15. Jahrhunderts erbaut, mit stilvollen Zimmern und stimmungsvollem Biergarten im Innenhof.

Romantikhotel & Restaurant Fürstenhof

Stethaimerstraße 3, Tel. 92550, hotel-fuerstenhof-landshut.de
Kleines, romantisches Hotel mit besonderen Themenzimmern, z. B. mittelalterliche Atmosphäre im Zimmer „Der Tuchhändler". Gourmetrestaurant im Haus (mit Erwähnung im Guide Michelin).

Hotel Freischütz

Börmergasse 1, Tel. 430143210, freischuetz-hotel.de
Rustikale Gemütlichkeit in Innenstadtlage, gepaart mit modernen Elementen. Das Hotel bietet auch schöne Apartments mit eigener Küche.

Achat-Hotel Kaiserhof

Papiererstraße 2, Tel. 430990, achat-hotels.com/hotels/landshut
Gut gelegenes Stadthotel. Das Panoramalokal im Haus bietet einen sehenswerten Isarblick.

Ibis Landshut City

Bahnhofplatz 2, Tel. 40439550
Neu erbautes Hotel, direkt am Bahnhof gelegen, mit modernen Zimmern und toller Bar im Industriestil.

Shopping

Mode

Arcade Exklusive Schuhe

Altstadt 216, Tel. 21600, arcade-schuhe.de
Wer sich den besonderen Traumschuh gönnen möchte, wird hier bestens beraten. Nebenan gibt es ein dazugehöriges Outlet, in dem man das ein oder andere Schnäppchen machen kann.

Kulmens The Designer Fashion Store

Altstadt 192, Tel. 2766696, kulmens.de
Große Marken und beste Beratung – zu jedem Einkauf bekommt man als „Extra" Stylingtipps.

Hello Coco

Altstadt 87, Tel. 20941192
Wer sich wie in Frankreich fühlen will, ist hier richtig: Außer französischer Mode bekommt man auch kleine, feine Accessoires und Schmuckstücke.

Männerladen

Altstadt 18, Tel. 29475, maennerladen24.de
Von selbstgemachten Lederwaren über Messer in allen Varianten bis zu exklusivem Whiskey und Rum ist alles dabei, was „Mann" so braucht.

Kulinarisches

Chocolat Manufaktur & Laden
Neustadt 442, Tel. 31 98526, chocolat-manufaktur.de
Feinste handgemachte Pralinen und Desserts, die wie kleine Kunstwerke aussehen. Im Sommer täglich wechselnde Eissorten.

Antikes

Objekt:e Antique
Schirmgasse 287, Mobil 01515 2610731, object-e.de
Ob alte Pastetenformen, dänische Retrolampen oder schöne Glasobjekte: Dieser Laden erfreut das Sammlerherz!

Wichtige Anlaufstellen

Amt für Marketing und Tourismus
Rathaus, Altstadt 315, Tel. 922050, landshut-tourismus.bayern/de
Stadtpläne, Flyer, Informationsmaterial, Hinweise zu Führungen, Karten für einzelne Veranstaltungen, aber auch Publikationen zur Stadtgeschichte sind hier erhältlich. Zudem ist hier eine Kasse des Landestheaters Niederbayern untergebracht.

Führungen

Stadtführungen und Kirchenführungen sind buchbar über das Amt für Marketing und Tourismus im Rathaus oder online über erleben.landshut.de; Führungen auf der Burg Trausnitz (auch Themenführungen für Erwachsene und Kinder) sind buchbar über die Burgverwaltung Landshut via burg-trausnitz.de oder 0871/92411-0. Die beliebte Nachtwächter-Führungen – zu regulären Zeiten, aber auch individuell nach Vereinbarung – sind unter nachtwaechter.la zu buchen.

Veranstaltungen

Spektakel Landshut · *spekttakel.la* · jeweils im September präsentieren Straßenkünstler ihr Können in der historischen Innenstadt

Landshuter Kurzfilmtage · *landshuter-kurzfilmfestival.de* · jährlich im März werden nationale und internationale Kurzfilme an verschiedenen Spielorten gezeigt und nach Kategorien prämiert

Landshuter Literaturtage · *landshuter-literaturtage.de* · alle zwei Jahre stehen diese unter einer besonderen Thematik oder sind einem Literaten aus der Region gewidmet

Haferlmarkt · jeweils am zweiten Septemberwochenende bieten in der Freyung zahlreiche Keramiker aus Landshut und dem Umland ihre Produkte feil

Christkindlmarkt · jährlich auf der Ringelstecherwiese

Frühjahrsdult · *dult-landshut.de* · jährlich auf der Grieserwiese

Bartlmädult · *dult-landshut.de* · jährlich im August um St. Bartolomä (24. August) auf der Grieserwiese

Landshuter Hochzeit · *landshuer-hochzeit.de* · alle vier Jahre, ab Ende Juni, drei Wochen lang an vier Wochenenden

Landshuter Afrikatage · *afrikatage-landshut.de* · jährlich beim Jugendkulturzentrum Alte Kaserne, Liesl-Karstadt-Weg 4

Fest der Kulturen · *landshut-interkulturell.de* · Jährlich können sich am Ländtorplatz Menschen ungezwungen treffen und sich und ihre Kulturen gegenseitig kennenlernen

Landshuter Hofmusiktage · *landshuter-hofmusiktage.com*
jährlich hat das Europäische Festival Alter Musik zahlreiche bedeutende Solisten und Ensembles zu einem ausgewählten Schwerpunkt im Programm

Landshuter Kunstnacht · *kunstnacht-landshut.de*
Jährlich am zweiten Freitag im September sind die Türen der Galerien und Museen bei der traditionellen Kunstnacht von 19 bis 23 Uhr offen; gleichzeitig gibt es an diesem Abend das Late-Night-Shopping in der Innenstadt

Handwerkermarkt · *bauzunfthaus.de* · jährlich zeigen im Bauzunfthaus, Dreifaltigkeitsplatz 2 (Hauptzugang über die Wittstraße), Mitglieder des Vereins ihr handwerkliches Können und bieten ihre individuellen Erzeugnisse an

Wochenmarkt · jeden Freitagvormittag in der Unteren Neustadt

Landshut entdecken mit Kindern

Auf der **Burg Trausnitz** werden spezielle Führungen für Kinder angeboten. Die Termine erfährt man über die Website der Burgverwaltung Landshut (burg-trausnitz.de).

Einen Besuch wert ist das **KASiMirMuseum** der Museen der Stadt Landshut im Prantlgarten, das im Wechsel kindgerechte Ausstellung und Veranstaltungen präsentiert. Öffnungszeiten und aktuelle Veranstaltungen sind auf der Homepage der Museen der Stadt zu finden (museen-landshut.de).

Ein Kinderprogramm bietet auch das **KOENIGmuseum** an (koenigmuseum.de/veranstaltungen).

Der **Hofgarten** ist in einigen Bereichen *der* Platz für Kinder: Kurz hinter dem Parkplatz bietet ein großer Spielplatz die Möglichkeit, sich auszutoben. In den Tiergehegen gibt es neben Enten, Pfauen, Ziegen und Dammhirschen auch Nadus zu beobachten. Ein Erlebnis für Kinder, aber auch für Erwachsene ist ein **Blick auf die Stadt** entweder vom Stadtblick dem Belvedere direkt im Hofgarten oder vom „Schanzl" nahe beim Ausgang zur Burg Trausnitz.

Bildnachweis

© „Die Förderer“ e. V.: 34

Harry Zdera: 19, 29 u., 30, 32, 33, 35, 36, 44, 55, 61, 62 o., 64, 67, 70 o., 72, 73, 76, 84, 85 o., 87 u., 88, 89

https://commons.wikimedia.org: 11, 17, 42, 43 o., 49, 81 o., 91

Königmuseum, ©MatthiasAmmerFotografie-016: 70 u.

© München, Bayerisches Nationalmuseum, Foto Jens Weber: 87 o.

Stadt Landshut: 43 u., 56, 58, 65, 75

Stadtarchiv Landshut: 9, 10, 13, 31, 45 r., 62 u.

Stadtmuseum: 16, 82 (Foto: Harry Zdera)

Stock.adobe.com: 4/5 (Boris Stroujko), 6/7 (Erika), 21 (fottoo), 24 (fottoo), 26/27 (David Brown), 29 o. (Naoto Kizu), 39 (Silbernagl), 40 (borisb17), 41 (Rolandst), 45 l. (boris17), 46 (borisb17), 51 (Sina Ettmer), 54 (Erika), 57 (fottoo), 69 (till beck), 71 (Dirschl), 79 o. (Boris Stroujko), 79 u. (milosk50), 81 u. (milosk50), 85 u. (Fineart Panorama)

Toni Ott: 47, 48, 50, 53, 63, 80, 92, 94

Die Stadtplanausschnitte (S. 28, 60, 68, 78, 90, hintere Umschlaginnenseite) basieren auf dem kartografischen Material der Stadt Landshut – SG Geoinformation und Vermessung

Dank

Am Ende dieser Spaziergänge durch Landshut und seine Geschichte möchte ich einigen Personen für ihre Unterstützung bei diesem Buch danken. Das sind zum einen die Fotografen Toni Ott und Harry Zdera für das ausgezeichnete Bildmaterial, das sie zur Verfügung gestellt haben. Ferner Klaus Peißinger, Leiter des Referats I der Stadt Landshut, sowie Justina Wagner und Markus Popke, beide vom SG Geoinformation und Vermessungswesen, für die Bereitstellung des Kartenmaterials. Für den Service-Teil kamen wertvolle Tipps von Kerstin Glöckner, Bücher Pustet Landshut. Ein besonderer Dank geht an Franziska Schäfer und Irmgard Priller, die mit dem Gedanken eines neuen Stadtführers auf mich zugekommen waren. Ebenso waren die Gespräche mit Dr. Mario Tamme, Stadtarchiv Landshut, in Bezug auf die inhaltlichen Schwerpunkte sehr hilfreich. Ganz besonderer Dank geht an Alexander Langkals, Stadtarchiv Landshut, der mit seinen Empfehlungen und Ergänzungsvorschlägen ein wichtiger Ratgeber war. Zu guter Letzt ist Fritz Pustet zu danken, der diese Publikation intensiv gefördert hat. Die Last der Umsetzung für die Drucklegung lag bei Christiane Tomasi und Magdalena Seis, die beide für die redaktionelle Arbeit und die ausgezeichnete Gestaltung dieses Stadtführers verantwortlich sind. – Vielen Dank dafür!